60歳からの鉄道ひとり旅

松本典久

目次

※本書の情報は2024（令和6）年11月1日現在の情報です。

第1章

鉄道ひとり旅の醍醐味
自由気ままな旅に出よう

松本流「鉄旅」のすすめ

どんな鉄道でも車窓の楽しみは欠かせない

鉄道に乗って「鉄旅」に出てみよう。

行き先はお気に召すまま。

ぼくの場合、鉄道の旅としてだれもが心に描くローカル線も好きだし、新幹線や特急でも楽しめる。そして今は貴重となった夜行列車の旅もいい。鉄道に触れていると、夢が広がっていくのだ。

可能なら、あまり事前情報を仕入れない旅が面白い。

例えばローカル線の普通列車に揺られ、ちょっと気になった駅で降りてみる。駅前から街並みを眺め、そして街並みから駅を眺める。そんなわずかな散策でも、街の人々の

ローカル線の普通列車に揺られ、気になった駅で降りてみよう（篠ノ井線 姨捨駅にて）

鉄道に寄せる気持ちが見えてくる。温かい気持ちにあふれた駅に出合えれば、自分の心もはずんでくる。

駅や列車のなかで、未知の人々との触れ合いもいい。単なるあいさつで終わることもあれば、新たな世界が始まることもある。鉄道好きの贔屓目もあるが、鉄道の旅には心の垣根を開かせる素晴らしい力が潜んでいるようだ。

とはいえ、わざわざ遠方に行かねば、「鉄旅」が楽しめないわけではない。

ぼくの場合、多少の条件と心の持ちようで街中を走る通勤電車ですら「鉄旅」にすることができる。

欠かせないのは車窓が楽しめること。

クロスシートの窓側席がベストだが、自由に車窓を眺められる状態なら文句は言わない。ロングシートに座るぐらいならドアわきに立つ方を選ぶ。この程度の選択が許される混雑率なら、どこでも「鉄旅」になるのだ。

車窓から眺めるのは、過ぎゆく駅や行き違う列車はもちろん、街並みでも自然の風景でもなんでもいい。じっと観察するときもあれば、焦点すら合わせず流し見ているときもある。常に移動する一期一会の情景。列車に乗って流れゆくそれらの情景に触れているることが楽しみなのだ。

日常の小さな旅から休日をフルに使う遠距離の旅まで、あなたの「鉄旅」を楽しんでほしい。

心に残る「鉄旅」　釧網本線冬の旅

「鉄旅」で触れた世界に甲乙をつけがたいが、やはり心に深く刻まれる体験はある。

ぼくにとってそんな想いの深い路線のひとつとなるのが、北海道の東部を走る釧網本線だ。路線は網走〜東釧路間の166・2キロ。「本線」の名はあるが、JRの区分け的には「幹線」ではなく「地方交通線」。偉大なローカル線といったところだろうか。

沿線は大きく3つの地域に分けることができる。釧路側は日本最大の面積を誇る釧路湿原を望みながら走り、中間部は知床半島の基部を横断、そして網走側はオホーツク海沿いに進んでいく。釧網本線最大の魅力は、この三様の車窓が楽しめることにある。

釧網本線では2024年まで国鉄型キハ54形が活躍していた

季節的には四季折々の楽しみがある。初夏は新緑がまぶしく輝き、オホーツク海沿いはハマナスなど花で埋めつくされる。秋に入れば紅葉が始まり、冬となれば雪や流氷の神秘的な美しさに魅了される。なかでももっとも印象に残るのは厳冬期の旅だ。

起点となるのは網走駅だが、ここは〝釧網〟という線名の順に従って釧路駅から旅立とう。ちなみに釧網本線の終点は東釧路駅だが、すべての列車は根室本線に直通して釧路駅発着で運転されている。

釧路駅から旅立つ列車は、おおむね1両だけの単行運転。車両はキハ54形かキハ40系が使われている。すでにローカル然とした風情が漂っている。

線路内に立ち入ってきたエゾシカ。運転士には迷惑な存在だが…

釧路駅を出発、釧路川を渡るとすぐに東釧路駅だ。ここから釧網本線の旅となる。

釧網本線に入るとすぐ市街地が途切れ、車窓には広大な原野が広がる。釧路湿原だ。列車は湿原の縁を縫うように進んでいくが、よくぞこんなところに線路を敷いたものだといつも感心してしまうのだ。

釧路湿原は平坦な草原となっているだけでなく、

点在する灌木や屈曲した釧路川の流れが変化を与え、その自然の妙に圧倒される。その雄大さをさらに実感するためには高台から鳥瞰するのがいい。釧路湿原駅や塘路《とうろ》駅で途中下車して展望台にあがるのがおすすめだ。北海道でも指折りの景観が広がる。

楽しみは湿原だけではない。列車に乗っていても、タンチョウやエゾシカなどそこに生息する動物たちを目にすることもしばしばある。時には線路にも立ち入り、運転には迷惑な存在ともなるが、旅人にとっては貴重な出合いとなる。「サファリトレイン」とでも呼びたい列車なのである。

列車の窓から天然記念物のタンチョウにも出会える（茅沼駅にて）

こうした動物たちは通年生息しているが、冬季の方が出合うチャンスは多い。特にタンチョウの場合、絶滅の危惧を受け、茅沼《かやぬま》駅周辺で冬季のみ給餌も行っている。これが厳冬期の旅をおすすめするひとつめの理由だ。

列車から降りて、流氷見学の観光船にも乗ってみよう（砕氷観光船「オーロラ号」にて）

標茶《しべちゃ》駅あたりまで進むと丘陵地帯へと入り、さらに知床半島の脊梁部を横断する山越えへと入っていく。川湯温泉駅を出たところで後ろを振り返ると、線路の奥に火山の噴煙が見える。アトサヌプリと呼ばれる硫黄山だ。火山国の日本でも普通鉄道でここまで噴火口に近寄る場所はない。これも釧網本線で見落とせない車窓のひとつだ。

列車はエンジンの唸りも高らかに原生林のなかを進んでいく。いつしか走行音が軽やかになったと思えば峠を越え、オホーツク海側へと下っていく。

知床斜里《しゃり》駅からはオホーツク海沿いの砂

丘を進んでいく。初夏、ハマナスなどで彩られるのはこのあたりの砂丘地帯だ。一方、2～3月にはオホーツク海が流氷で埋まり、その情景は車窓から眺めることができるのだ。かつてはオホーツク海沿いに走る路線がいくつもあったが、今では釧網本線が唯一となってしまったのだ。

ぼくが冬の釧網本線に魅せられるのはこうした車窓の魅力にもあるが、もうひとつ2000（平成12）年から運転されている「SL冬の湿原号」にある。シーズン中、釧路～標茶間を中心にほぼ毎日往復している。機関車はタンク式の小型機C11形だが、勇壮な走行シーンを見せてくれる。SLの煙は気温が低ければ低いほど、迫力を増すのだ。

かくして今季も釧網本線を訪ねるべく、画策しているのである。

勇壮な走りを見せてくれる「SL冬の湿原号」。かつては重連運転を行なったこともある

都会の電車にも旅がある

未知であること、それが旅の楽しみになる

未知の探索。旅の楽しみのひとつにそんな切り口を見いだせば、身近な都会のなかにも旅が潜んでいる——。そんな思いを胸に休日の昼下がりに足を向けたのは、ＪＲの鶴見線だ。京浜東北線の鶴見駅から海側に延びる路線である。

鶴見線は鶴見駅を起点に扇町駅まで向かう7・0キロの本線、途中の浅野駅から分岐して海芝浦駅に向かう1・7キロの通称〝海芝浦支線〟、そして武蔵白石駅から分岐して大川駅に向かう1・0キロの通称〝大川支線〟からなっている。

すべて行き止りの盲腸線で、大半は複線だが一部は単線となっている。全長は短くともなかなか複雑な線形だ。実は鶴見線は臨海部に広がる工業地帯を結ぶ路線でもある。

その一部では貨物列車も運行され、工場関係者以外、改札口から出られない駅もある。

旅の始まりは鶴見駅としよう。

鶴見線は京浜東北線から一段上の高架ホームに発着している。同一駅だが、鶴見線に乗車するにはさらに専用の中間改札口を抜けなければならない。まるでJRと私鉄の乗換駅のような雰囲気だ。ホームに進むとさらに私鉄駅の風情が強い。

鶴見線の海芝浦駅。横浜港に面してホームの下はすぐ海!!

実は鶴見線は鶴見臨港鉄道として大正時代に運行を開始、1930（昭和5）年に現在の路線がほぼ完成している。戦時中、国に買収されて国鉄線となり、今ではJRとして運行されているが、現在も当初の構造が引き継がれているのだ。鶴見線は鶴見駅以外無人化されており、この中間改札口があると管理上も便利なのだ。

鶴見線の車両は、すべてステンレス車体の205系。かつては山手線などで活躍していた車両だが、今では絵131系、3両編成が使われている。

駅名に開発の歴史を感じさせる鶴見線

鶴見駅を出ると京浜東北線や東海道本線の線路と平行に高架線を進んでいく。やがてこれらの線路を跨いで左に大きく進路を変え、最初に停まるのは国道駅。文字通り国道（国道15号）との交差部にある。駅の高架下にはレトロな商店街が続き、独特な雰囲気だ。ドラマなどのロケ地としてもしばしば登場する。なお、国道15号に面した出入り口の壁は、コンクリートがところどころ剥がれているが、実は太平洋戦争中に受けた空襲の跡だ。戦後79年を越える今でも生々しい記録が残っている。

鶴見川を渡って鶴見小野駅。当初は工業学校前と呼ばれていたが、地元の村長を務めた小野重行に因んで改称された。実はこうした人名に因む駅名が多いのも鶴見線の特徴だ。このあたりから沿線は工業地帯へと入っていく。車両基地のある弁天橋駅を通って海芝浦支線が分岐する浅野駅。駅名は当地を京浜工業地帯の中核に育てた浅野総一郎に因む。ちなみに終点の扇町は浅野家の家紋に因んだ駅名だ。

そのまま本線を進むと、次は安善《あんぜん》駅。構内には石油輸送のタンク車が並び、貨物輸送に活躍する鶴見線の一面を実感する。駅名は明治・大正期の実業家として活躍した安田善次郎に因む。

続いて大川支線の分岐する武蔵白石《むさししらいし》駅。かつては当駅にホームがあったが、現在は撤去、大川支線に乗るためには1駅手前の安善駅で乗り換えねばならない。駅名は日本鋼管初代社長、白石元治郎に因む。

次は南武線に接続する浜川崎駅。ここは線路が縦横に行き交い、複雑な線形になっている。地図で見ると

鶴見線の国道駅。建設時は高架下を活用したモダンな商店街だったが…

当駅から4方向に線路が延び、そのジャンクションなのだ。首都圏の物流を支える東京貨物ターミナル駅に通じる通称〝東海道貨物線〟もここに通じており、貨物列車が頻繁に通過する。

鶴見線の電車は広大な貨物ヤードのわきを抜け、昭和駅へ。駅名は駅開設時の昭和肥料（現・昭和電工）に因む。昭和駅を出るとすぐ扇町駅だ。電車は当駅が終点だが、線路はさらに貨物線として続いている。なぜか昭和駅や扇町駅には猫が多く、猫撮影の聖地としてその筋のマニアに有名だという。

支線は短くとも見どころいっぱい

鶴見線の支線にも乗ってみよう。

まずは浅野駅から海芝浦支線へ。線路は旭運河沿いに進み、新芝浦駅を経て終点の海芝浦駅へと到着する。乗車時間は浅野駅から4分足らずの短い旅となる。海芝浦駅のホームは横浜港に面し、ホーム下は海。日本でもっとも海に近い駅だ。

この支線は当初、芝浦製作所（現・東芝）の専用線としてつくられたもので、海芝浦駅は工場用地内。そのため、改札口を抜けられるのは、東芝関係者だけ。鶴見駅ホームにもこの旨の注意書きがある。なお、現在は改札口前の海沿いを一般に利用できる海芝公園として開放している。

大川支線は終点の大川駅があるだけ。駅名は浅野総一郎と共に事業を推進、「日本の製紙王」とも呼ばれた大川平三郎に因む。なお、大川支線は平日9往復、土曜・休日は3往復、共に日中の発着は皆無という都会の中の〝超秘境駅〟だ。利用者の大半は近隣職場の定期客。朝夕は始発電車でも座れない混み具合だ。

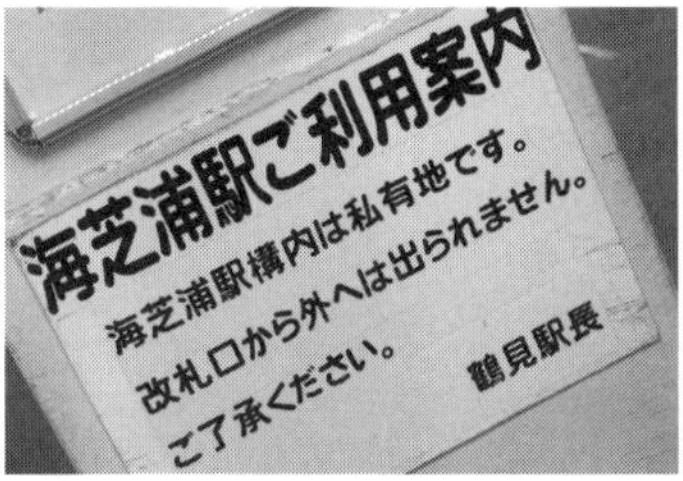

上／鶴見駅のホームには海芝浦駅の注意書きが!!　右／都会の超秘境駅、鶴見線の国道駅。線路も草で覆われ、ローカルムードたっぷり。鶴見線では2024年まで205系が活躍していた

レストランからSLまで個性派列車の旅

非日常的な列車の旅を楽しむ

鉄道の旅では、通常の運行には使われない特別な列車を利用する楽しみもある。例えば観光に特化した特別な構造とデザインで開発された車両を使い、運行日も観光シーズン限定となる列車だ。国鉄時代は「ジョイフルトレイン」、今では「観光列車」「のってたのしい列車」「D&S列車」などと呼ばれている。多くは1編成だけ開発され、ほかでは出合えないという希少価値も魅力だ。

そんな列車をいくつか紹介しよう。

●SL列車

国鉄のSL列車は1975（昭和50）年度で現役を引退、もはやシニア世代でも現役時代のＳＬを見たことがない人もいるだろう。引退後、ＳＬの文化財および観光資源としての価値が見直され、現在では各地で復元運行されるようになった。いずれもオンシーズンの週末など特定日の運行。乗車や見学には事前のリサーチが必要だ。

ＪＲ北海道ではＣ11形を動態保存、１～２月に釧路駅を起点に釧網本線を走る「ＳＬ冬の湿原号」などとして運転している。

ＪＲ東日本はＣ57形、Ｃ58形、Ｃ61形、Ｄ51形と４両のＳＬを動態保存している。観光シーズンの週末を中心に磐越西線で「ＳＬばんえつ物語」として運行、このほか高崎駅を中心に上越線や信越本線での運行も多い。

首都圏では、秩父鉄道のＣ58形による「パレオエクスプレス」、東武鉄道のＣ11形によるＳＬ「大樹《たいじゅ》」、真岡鐵道のＣ12形による「ＳＬもおか」も運行されている。

静岡県の大井川鐵道はＳＬ動態保存運転の先駆者ともいえる存在だ。Ｃ56形やＣ11形など複数のＳＬを所有、運転回数は極めて多い。２０１４（平成26）年以降、「きかんしゃトーマス」の装いにした列車も運行されているが、旧型客車を使い〝昭和の汽車旅〟をほうふつとさせる列車も運行継続中だ。

ＪＲ西日本は京都鉄道博物館で動態のＳＬを展示しているが、ここで管理されているＤ51形などを使い、山口線でＳＬ「やまぐち」号として運行。

なお、先述の京都鉄道博物館のほか、博物館明治村、丸瀬布《まるせっぷ》森林公園いこいの森、三笠鉄道記念館などでも動態のＳＬを所有、施設内で運行している。

ＳＬの魅力は、そのフォルムはもちろんのこと、音や動きにもある。ホームで機関車に近寄れば体温のような熱も感じる。まさに「生きている機械」なのだ。ＳＬに出合えたらその魅力を五感で感じとろう。折り返し駅到着後の入れ換えシーンは見逃せない。

●レストラン＆カフェ列車

寝台特急「北斗星」などの運行終了により、日本では定期列車から食堂車が消えてしまった。前後して列車内で食事をする楽しみが見直され、国内各地でいろいろな形の列車が誕生している。今では従来の食堂車やビュフェのような設備を用意したものから、食事を中心としたサービスに徹してツアーとして運行される列車まで、幅広い楽しみのなかから選択できるようになった。

毎日定期的に運行され、従来のサービス方式にいちばん近いのは近畿日本鉄道の「観光特急しまかぜ」だろうか。6両編成のうち4号車がカフェ車両となり、「松阪牛重」などのメニューを楽しむことができる。富士急行の「富士山ビュー特急」、京都丹後鉄道の「丹後あおまつ号」もこれに近い。

週末などの特定日に運行され、食事の有無を選択できる列車としてはＪＲ東日本の「越乃Shu＊Kura（こしのしゅくら）」「海里（かいり）」、しなの鉄道「ろくもん」、ＪＲ西日本の「ベル・モンターニュ・エ・メール」「あめつち」、京都丹後鉄道の「丹後あかまつ号」、ＪＲ四国の「伊予灘ものがたり」「四国まんなか千年ものがたり」、ＪＲ九州の「Ａ列車で行こう」「ふたつ星４０４７」などがある。

さらに食事を中心としたサービスを基本とした列車は、ＪＲ東日本の「TOHOKU EMOTION」、西武鉄道の「西武 旅するレストラン 52席の至福」、東急電鉄・伊豆急行の「THE ROYAL EXPRESS」、えちごトキめき鉄道の「えちごトキめきリゾート 雪月花」、明知鉄道の「寒天列車」など、京都丹後鉄道の「丹後くろまつ号」、JR九州の「36ぷらす3」「かんぱち・いちろく」「或る列車」、肥薩おれんじ鉄道の「おれんじ食堂」などがある。このあたりまで来ると、レストランや料亭の食事を車内で楽しむといったコンセプトが多く、もはや食堂車とは別の楽しみといえそうだ。

なお、これらの列車の食事は、大半が事前予約制なので、利用する際は運転日と共によくチェックすること。コロナ禍による運行体制の変化もあるので要注意。

●定期列車にも個性派車両はめじろ押し

ここまで特殊な運転の列車を紹介したが、日常的に運転されている列車のなかにも個性派車両はたくさんある。独断的にいくつか選定して紹介しておこう。

まずはJR東日本のE261系「サフィール踊り子」。「スーパービュー踊り子」の置き換えにより2020(令和2)年から運転を開始しているが、オールグリーン以上という豪華なサービスで伊豆半島への旅をゴージャスに演出してくれる。JR西日本の283系「くろしお」も観光に特化したデザインで個性を発揮している。JR四国の

2700系など車体傾斜システムを組み込んだ車両群も印象的だ。土讃線など急カーブの連続する路線をぐいぐい走っていく感覚は頼もしい。個性派車両といえば、JR九州はすべてが該当するといってもいいほどバラエティーに富んでいる。「つばめ」としてデビューした787系には驚かされたが、今ではこれすらもフォーマルに思えるほどだ。「ソニック」などに活躍する885系は外観だけでなく、座席なども高品質でぜひ乗ってみたい車両だ。

個性的なデザインの西武鉄道001系「ラビュー」。2019年春に登場、特急「ちちぶ」などとして活躍を開始した

私鉄では特急形車両に個性的なものが多く、東武鉄道N100系「スペーシアX」、西武鉄道001系「ラビュー」、南海電気鉄道50000系「ラピート」を筆頭に、小田急電鉄や近畿日本鉄道あたりには、じっくり楽しんでみたい車両がめじろ押しだ。

目的地を決めない気ままな旅

事前情報を仕込まねば、「発見の旅」ともなる

旅立ち前にしっかりスケジュールを考えておく旅も楽しいが、逆に行き当たりばったり。その場の気分で行動する旅もある。これもひとり旅ならではの気楽な遊びだ。

途中の駅で下車したら、次の列車まで待合室で過ごすもよし、駅周辺を散策するもよし、ここでも気ままに行動しよう。

時には時代を感じさせる待合室に出合うこともある。朽ちている駅舎は悲しくなるが、古くても手入れの行き届いた駅舎ならうれしい。これも事前に情報を得ず、偶然の出合いであれば、その分うれしくなる。自分にとっては発見の喜びとなるのだ。

木製のベンチに座り、その硬さと温かさを感じながら格《ごう》天井を見上げる。開業時、そ

の駅に込められた人々の期待が伝わってくるようだ。こんな時の過ごし方が、ぼくには何とも贅沢な気分を味わわせてくれるのだ。

もっとも完全に自由にしてしまうと、逆に迷いが深くなることもあり、多少の制約やルールを設けておくといい。例えば、きっぷは「一日乗車券」などを利用、動ける範囲と時間を限定してしまうのだ。これは「青春18きっぷ」も同様に使える。ただし、帰路や宿のことを頭に入れ、切り上げる時刻のめどを立てておくこと。

行き当たりばったりの行動は、ぼくの場合、途中の車窓を眺めながら決めている。何となく散策するのに良さそうな情景が見えてきたら、次の駅で下車するのだ。駅舎が見えてきたところで、そこに魅かれて慌てて下車したこともある。

他力本願で下車駅を決める方法もある。例えばホームで乗客が待っていたら下車する。乗降の少ないローカル線でも、乗客があるぐらいだから相応の集落があるだろうというわけだ。運転室のわきに立ち前方への注視が必要だが、ぼくの場合、興味ある路線はだいたいこんな位置で乗車しているから問題はない。

気ままな旅で身近な路線も再発見

首都圏のＪＲ線が土曜・休日に乗り放題となる「休日おでかけパス」がある。これを使って「行き当たりばったりの旅」を楽しんでみた。候補は八高線とした。その名の通り、八王子と高崎を結んで運行しているが、「休日おでかけパス」のエリアから八王子〜寄居間で遊ぶことにした。これでも我が家から往復すれば、きっぷ価格の元値はしっかり回収できることになる。

旅立ちは起点となる八王子駅。八高線の八王子〜高麗川《こまがわ》間は電化され、川越線と直通運転も行っている。この電車区間はしばしば乗っているので高麗川駅まで一気に進む。この先、八高線は非電化で、キハ１１０系による運行となる。今や東京近郊で数少ない気動車だ。列車の必然的な乗り継ぎもあり、ここで途中下車。通路に描かれたカワセミのイラストが出迎えてくれた。

高麗川駅からエンジン音をＢＧＭに加え、気動車の旅が始まる。沿線はこのあたりからのんびりとした里山の情景が続くようになり、途中下車したい衝動に駆られる。結局、駅舎の面白さに魅かれて明覚《みょうかく》駅で下車。民営化直後、火災で駅舎を焼失、地元の木材を使って再建した駅舎で、丸太小屋風のデザインはグッドデザイン賞も受賞しているそうだ。駅舎を見学後、周辺も散策。駅そばを流れる都幾川《ときがわ》の美しさにも魅了された。

続いて小川町駅でも途中下車。実は鰻料理で有名な街でもあり、ここでの昼食を思い付いたのだ。駅そばの観光案内所で地図をもらうと、鰻だけでなく、和紙でも有名な街と知る。見学させてくれる工房も紹介してもらい、充実の街歩きとなった。

そして最後は寄居駅。ここは八高線のほか、東武東上線と秩父鉄道も発着するジャンクションだ。ちょうどSL「パレオエクスプレス」の運転日。寄居駅を発車する姿を眺め、気ままな旅の締めくくりとした。

丸太小屋風の駅舎が楽しい八高線の明覚駅。里山の風景も気に入り、その後も何度か訪ねている

鉄道コンプリートの旅

日本三大車窓・東西南北最端駅…etc.

鉄道旅のテーマとして、自分の乗りたい路線や好きな鉄道だけを訪ね歩いてもいいが、何らかの目標を定めてコンプリートをめざす旅もある。

その王道ともいえる存在が日本の鉄道全線乗車だろう。主幹となるJRだけでも2024（令和6）年11月現在19377・8キロ。これに私鉄や地下鉄、路面電車などが約7000キロ。また、モノレール、新交通システム、ケーブルカーも法律上は鉄道のなかまでこれも200キロ以上ある。このほか、乗車旅の対象にはならないが、貨物専用鉄道もある。ぼくの場合、JR線は一応完乗しており、近く開業する西九州新幹線や北陸新幹線延伸区間が楽しみだ。本書の初版時に未乗と記したおおさか東線新大阪～放出間にもコロナ禍直前に無事乗車、車窓から淀川の流れを楽しむこともできた。ただし、関西エリアで未乗となっている私鉄路線や地下鉄路線はまだあり、これは今後の楽しみだ。

全線完乗は達成が見えにくい大事業となるが、もう少し現実的に楽しめそうなテーマをいくつか紹介してみよう。

●三大車窓

雄大な車窓が楽しめるポイントとして、根室本線の狩勝峠、篠ノ井線の姨捨《おばすて》駅付近から望む善光寺平、肥薩線の矢岳《やたけ》越えが日本の鉄道「三大車窓」として知られている。制定者は国鉄と言われるが、じつはよく判らない。ただし、狩勝峠は1928（昭和3）年に発表された小熊秀雄の随筆『ばつた塚由来』に「日本の三大車窓美観」として記述が残っており、この時代すでに唱えられていたものと思われる。

狩勝峠は、北海道の旧石狩国と旧十勝国の境となる峠で、両国名を1字ずつ冠している。新得町史によれば、鉄道建設の際、鉄道技術者だった田辺朔郎によって命名されたとされ、隧道名や信号場名にも起用されている。根室本線の落合～新得間が該当し、この区間は1966（昭和41）年に新線に切り替えられたが、今も眼下に広がる新得の街とそれを囲むように連なる石狩山地の迫力に圧倒される。ちなみに札幌側から石勝線に乗れば、トマム駅の先の新狩勝トンネル内にある新落合信号場で根室本線に合流するので、ここから同じ車窓が楽しめる。

善光寺平は長野盆地の別名で、篠ノ井線は盆地の縁を登っていく。その途中、姨捨駅付近では盆地の縁に連なる階段状の水田が見える。これは「田毎《たごと》の月」でも有名な「姨捨の棚田」だ。通過する列車からも楽しめる車窓だが、普通列車を利用してスイッチバックとなった姨捨駅で途中下車するのがおすすめだ。近年、ホームや跨線橋が展望台として整備された。

矢岳越えは肥薩線の人吉〜吉松間にある熊本・宮崎・鹿児島県の県境を抜ける峠越えだ。行路は険しく、スイッチバックやループ線を駆使して登っていく。ただし、2020（令和2）年の「令和2年7月豪雨」で被災、矢岳越えを含む八代〜吉松間で不通となっている。現在では復旧に向けた検討も始まり、今後の動向から目が離せない。

●東西南北鉄道最果て駅

普通鉄道の東西南北最端駅は、東はＪＲ根室本線東根室駅、北はＪＲ宗谷本線稚内駅、西は松浦鉄道たびら平戸駅、南はＪＲ指宿枕崎線西大山駅。ただし、モノレールも含めると、沖縄県ゆいレールの那覇空港駅が最西端、同じく赤嶺駅が最南端となる。

●路面電車

北は北海道の札幌市、南は九州の鹿児島市まで点在している。なかには路上とは違う専用軌道を走るものもあり、これは路面電車ではない！　なんて説を唱える人もある。実のところ、法規的には「軌道法」で設営されたものが路面電車となるのだが、自分の楽しみゆえ、ファジーに路面電車的鉄道ととらえてみてもいいだろう。路面電車を利用した街歩きも楽しく、コンプリートの夢がある。

おすすめの路面電車的鉄道

●北海道／札幌市電（札幌市交通局）・函館市電（函館市企業局交通部）　●栃木県／宇都宮ライトレール　●東京都／都電荒川線（東京都交通局）・東急世田谷線　●神奈川県／江ノ島電鉄　●愛知県／豊橋鉄道東田本線　●富山県／富山地方鉄道市内線・富山ライトレール・万葉線　●福井県／福井鉄道　●滋賀県・京都府／京阪電気鉄道京津線・石山坂本線　●京都府／京福電気鉄道　●大阪府／阪堺電気軌道　●岡山県／岡山電気軌道　●広島県／広島電鉄　●高知県／とさでん交通　●愛媛県／伊予鉄道　●長崎県／長崎電気軌道　●熊本県／熊本市電（熊本市交通局）　●鹿児島県／鹿児島市電（鹿児島市交通局）

鉄道旅で別の趣味も楽しむ

例えば「城めぐり」。往復の行程で鉄道旅も楽しむ

本書を手にしてくださった方は、何かしらのかたちで鉄道への想いが強いと思われるが、それ以外にも旅のテーマをお持ちの方もあるだろう。例えば「旧街道」「城」「市場」「寺社」「岬」あたりが思い浮かぶ。これらの楽しみに鉄道旅をプラスして、目的地に向から往復も楽しんでしまおうという提案だ。

●旧街道めぐりの旅

旧街道といえば、江戸時代に整備され五街道（東海道、中山道〈中仙道などとも表記〉、日光街道、奥州街道、甲州街道）あたりが思い浮かぶが、それ以外にも魅力的な街道は数多ある。多くの街道はそこを結ぶべき必然があり、地形的にも通行しやすいルートで

構成されている。この成り立ちは明治以降に整備されてきた鉄道と同じだ。したがって街道と鉄道は比較的近いルートで通じており、鉄道を使いながら街道を訪ねるというのは理にかなった旅でもあるのだ。

例えば中山道。鉄道でいえば高崎線、信越本線、中央本線、高山本線、東海道本線あたりを結ぶルートだ。なかでも木曽路に整備された11宿のうち、北の贄川《にえかわ》宿から南の三留野《みどの》宿あたりはほぼ中央本線に沿っている。木曽川の谷が険しく、街道も鉄道もほぼ同一ルートをたどらねばならなかったのだ。ここを訪ねるなら中央本線で途中下車を繰り返すのがいい。旅人にも人気の奈良井宿に至っては奈良井駅前から見どころが続き、欠かせないポイントだ。

中山道を琵琶湖の東岸まで進むと、近江鉄道を使った旅がいい。当時の雰囲気が良く残っているのは武佐《むさ》宿（最寄りは武佐駅）だが、当時の豪商邸宅が料亭として今に続いている愛知川《えちがわ》宿（最寄りは愛知川駅）も見落とせない。また、宿場町ではないが、近江商人発祥の地として有名な五箇荘《ごかしょう》（最寄りは五箇荘駅）の街並みもいい。近江鉄道では金曜日～日曜日および祝日に全線1日乗り放題となる「1デイスマイルチケット」（おとな900円）などがあるので、こうした利用もおすすめしたい。

●城めぐりの旅

日本城郭協会（https://www.100finecastles.com/）が「日本100名城」を発表して以来、日本各地に点在する城の訪問も大きなブームになっている。同協会ではこの大きな反響に応えて2018（平成30）年に「続日本100名城」も認定、200城の登城をめざすスタンプラリーも開催されている。

今ではこの城めぐりを効率よくこなせるパックツアーも人気となっているが、自分で行程を模索しながら訪ねていけば、その旅路も含めていい想い出になるだろう。

「日本の100名城」でチェックしてみると、沖縄県を除けば鉄道を織り込んだ城めぐりができそうだ。もちろん、

玉藻城とも呼ばれる香川県の高松城。お堀のわきを高松琴平電鉄の電車が走っている

沖縄県でも首里城ではゆいレールを組み込む手もある。なかには小田原城、岡崎城、大阪城、姫路城、福山城、高松城など、鉄道の車内から見える城もある。

●市場めぐりの旅

ぼくは熱狂的な市場ファンというわけではないが、ふだんの旅でも余裕があれば市場を訪ねている。財布のひもを緩めることもあるが、並んでいる商品を見ているだけでわくわくしてくる。特に水産物、農作物のチェックが楽しい。21世紀となったこの時代でも、地元にしか出回らない魚介類や作物はまだまだある。同じものでも名称が異なる場合もあり、それを知るのが楽しいのだ。もちろん、味も試してみたいが……。

残念ながら町の人を対象にした市場の多くは朝～午前中の営業。夕方に訪ねるとすでに看板を下ろして無人になっていることもある。こんなとき、スーパーマーケットを見付けたら生鮮食品売り場を覗くようにしている。道の駅の生鮮食品売り場もなかなかいい。こんなうっぷん晴らしにも旅の楽しみがあるのだ。

ゲームのような鉄道旅にチャレンジ

プランニングだけでも楽しみは無限

旅のプランニングは楽しい。どこへ行こうか？　と考えながら『時刻表』をめくっていくと、次から次へと夢が広がっていく。過去（もちろん最新刊でもＯＫ）の『時刻表』に手を伸ばし、机上論だけで終わる旅も楽しいが、実現をめざせばより具体的な楽しみとなるはずだ。

「青春18きっぷ」のシーズンになると、普通列車を乗り継ぎ、1日でどこまで行けるのか？　なんて最長乗り継ぎを考えてしまう。

起点は日本の鉄道の起点ともいえる東京駅としよう。２０２4年11月現在、東海道本線朝一番の列車は5時20分発の沼津行き３２１Ｍだ。早朝ゆえ、前日から東京ステーションホテルに宿泊しての旅立ちなんていうのが楽しそうだ。

さて沼津駅には７時26分着で、７時35分発の静岡行き７４３Ｍに乗り継げる。以下、静岡８時31分発の浜松行き７４１Ｍ（土休日は５７４１Ｍ）、浜松９時44分発の大垣行き２３１３Ｆ（土休日は５１１７Ｆ）、大垣12時11分発の米原行き２２３Ｆ（土休日は３２１３Ｆ）、米原12時50分発の姫路行き新快速３４６７Ｍ、姫路15時34分発の播州赤穂《ばんしゅうあこう》行き９７１Ｍに乗り継ぎ、これは相生《あいおい》で下車して15時56分発の岡山行き１３２５Ｍ、岡山17時22分発の糸崎行き１７５３Ｍ、糸崎19時06分発の岩国行き３４１Ｍ（土休日は広島止まりとなるが、後続列車に乗り継ぎ、岩国で追い付く）、岩国21時47分発の３３５５Ｍに乗り継ぎ、終着の新山口には０時02分着。東京駅から営業キロにして１０２７・２キロの旅となる。

もっとも新山口まで行けても深夜にチェックインできる宿があるかどうか？　ということから、車中の食事をどうするのか？　など切実な問題があり、やはり机上論に近い。しかし、こうして『時刻表』を使って列車をつないでいくのが楽しいのだ。

なお、かつては「青春18きっぷ」のシーズンに合わせて夜行の「ムーンライトながら」も運行されていたが、残念ながら２０２０（令和２）年３月を最後に設定がなくなってしまった。。

大先輩の提案された「汽車旅ゲーム」に習う

レイルウェイライターの故・種村直樹さんは、気の向いた駅で途中下車する「気まぐれ列車」の旅で有名だが、逆にルールを定めて挑戦する「汽車旅ゲーム」も多かった。「旅行貯金」として全国の郵便局で貯金を重ね、その郵便局名印を集めるスタンプラリーのような遊び、運転本数の少ない路線でより多くの途中下車する駅数を増やす「ＯＲＩＴＡＤＥごっこ」。ここでは下り列車と上り列車を組み合わせて乗り降りしながら下車駅数を増やす「ぎったんばっこんの術」も披露されている（テクニックの詳細は本書１８０ページ参照）。さらには鉄道以外の公共交通を総動員して日本列島の海岸線に沿って歩く「日本列島外周気まぐれ列車」もあった。

とにかく早い列車に乗り継ぐ「スピード乗り継ぎ」もあちこちで実践されているが、似たような旅はぼくも経験がある。いちばん印象に残る旅は「一本列島」の完成直後、西鹿児島（現・鹿児島中央）駅から稚内駅まで、できるだけ〝旬の列車〟に乗り継ぐというものだった。

コースは西鹿児島（スーパー有明14号）→博多（にちりん25号）→別府（宇和島運輸フェリー）→八幡浜《やわたはま》（しおかぜ4号）→岡山（ウエストひかり52号）→新大阪（雷鳥19号）→金沢（スーパーかがやき3号）→長岡（スーパーあさひ4号）→上野（北斗星1号）→札幌（ライラック3号）→旭川（天北《てんぽく》）→稚内というもの。前後も入れれば車中1泊、地上4泊の計5泊6日という旅になった。

全行程が物見遊山の旅ではあったが、「スーパー有明」の783系はJRグループ初の新規開発特急形電車だったし、「北斗星」は青函トンネル開通に合わせて運転を開始した〝豪華寝台特急〟で、見るもの触れるものすべてが楽しかった。種村さんの「汽車旅ゲーム」の発想を活かし、こんな喜びを盛り込んだ旅をしてみたい。

松本典久おすすめ

旅して欲しいローカル線 BEST5

●釧網本線●

北海道の東部、網走駅と東釧路駅を南北に結ぶ166・2キロの路線だ。本文でも紹介しているが、冬は流氷に覆われるオホーツク海、知床半島基部の山越え、日本離れした雄大な釧路湿原と沿線は変化に富み、春夏秋冬いつ訪ねても素晴らしい旅となる。また、沿線に多くの野生動物も棲息、車窓からもタンチョウやエゾジカを目にすることができる。運行者にとっては大変な苦労だが、旅人には「サファリトレイン」とでも呼びたい魅力となる。冬季に運行される「SL冬の湿原号」も見逃せない。

●五能線●

奥羽本線の東能代駅と川部駅を結び、日本海岸沿いを走る147.2キロの路線だ。五能線では深浦～鰺ケ沢間を中心に海岸線を走る車窓が魅力的だ。山塊が海岸線まで押し寄せ、列車は海岸ぎりぎりを走っていく。波浪の高いときは運休の可能性もある。一方、内陸側は世界自然遺産に登録された白神山地へと続き、十二湖駅で途中下車すればブナの森に湖が点在する十二湖なども散策可能だ。日中の普通列車は特に中間部で少なく、観光列車「リゾートしらかみ」を利用するのが便利だ。

●只見線●

磐越西線の会津若松駅と上越線の小出駅を結ぶ 135.2 キロの路線だ。会津柳津～只見間あたりでは只見川の渓谷沿いに走り、春夏秋冬美しい車窓を見せてくれる。列車本数が少なく、乗車には相応の工夫が必要だ。また、会津川口～只見間は水害のため長年バス代行運転となっていたが、2022 年 10 月に復旧。同時に上下分離も実施となるが、運行は JR 東日本が継続。

●飯田線●

天竜川の流れる伊那谷に沿って東海道本線の豊橋駅と中央本線の辰野駅を結ぶ195.7キロの路線だ。前身は伊那電気鉄道などの私鉄で、全線が電化、電車による運転となっている。豊橋側は天竜川をはじめとする険しい渓谷が連続するが、飯田駅あたりでは谷が広がり、左右に続くアルプスが美しい。

●豊肥本線●

阿蘇山のカルデラを通り大分駅と熊本駅を結ぶ、148.0キロの九州横断路線だ。大分駅を出ると、阿蘇外輪山を抜ける波野駅へとひたすら登っていく。ちなみにこの駅の標高は754メートル。九州でいちばん高い駅である。この駅からカルデラに位置する宮地駅への下りが見どころのひとつ。中央丘や外輪山、そしてカルデラの様子が車窓に展開する。カルデラ内は淡々と走り抜け、立野駅に入るスイッチバックも見どころだ。赤水駅を出てほどなく、外輪山を割るように流れる黒川の谷に入っていく。やがて左手眼下に立野駅が見えるが、線路はさらに先へと進み、そこでようやく折り返してゆく。豊肥本線は2016年の熊本地震で大きな被害を受け、しばらくバス代行が続いていたが、2020年8月から平常運行に戻った。

第2章

知っておくと便利
きっぷの基本をおさらいしよう

出かける前に「きっぷ」の基本を知っておこう

「きっぷ」といっても種類はさまざま

鉄道などの公共交通を利用する場合、きっぷが必要だ。きっぷには乗車券、特急券、グリーン券、寝台券などの種類があり、乗車する列車によって必要なきっぷの組み合わせが変わってくる。

ちょっと面倒なルールだが、鉄道旅行の基本ともなるので、うんちくとして知っておきたい。ちなみに表は時刻表などで示されている旅行に必要なきっぷだ。すでに表の内容を熟知している方は飛ばして次の項へどうぞ。

さて**基本となるのは**「**乗車券**」だ。乗車する際、下車駅まで乗車券を用意するのが本来のルールだ。最近は「Ｓｕｉｃａ」「ＰＡＳＭＯ」「ＩＣＯＣＡ」などのＩＣカード、

旅行に必要なきっぷ　乗車券のほかに必要なきっぷ一覧

新幹線	普通車自由席	指定席		
		普通車	グリーン車	グランクラス
	自由席特急券	特急券	特急券＋指定席グリーン券	特急券＋指定席グリーン券

在来線		自由席		指定席		寝台
		普通車	グリーン車	普通車	グリーン車	
	特急	自由席特急券	―	特急券	特急券＋ 指定席グリーン券	特急券＋寝台券
	普通・快速	乗車券のみ	自由席 グリーン券	指定席券	指定席グリーン券	―

さらには「モバイルＳｕｉｃａ」を搭載したスマホを使う人も多いが、これは「ＩＣカード乗車券」などと呼ばれ、乗車券（きっぷ）の一種なのである。

「**特急券**」は新幹線や在来線特急を利用する際、列車ごとに必要になるきっぷだ。これはＪＲ以外の私鉄でも導入しているケースがある。ＪＲの場合、特急というと指定席が基本だった歴史もあり、単純に特急券といえば座席指定も含んだきっぷとなり、自由席を使う場合は自由席特急券となる。

「**グリーン券**」はグリーン車を利用する際に必要なきっぷだ。グリーン車の場合、座席指定で運転される列車もあれば、自由席で運転される列車もある。そのため、指定席グリーン券または自由席グリーン券と分かれている。ＪＲの制度としては「特別車両券」と呼ばれている。なお、新幹線にはグランクラスというランクもあるが、これも特別車両の一種で、専用のグランクラス券（特別車両券）が発券されている。なお、グリーン券は列車ごとに設定される場合と、区間を指定して途中の乗り継ぎもできる設定と2つのパターンがある。

「**寝台券**」は寝台車を利用する際に必要なきっぷだ。現在、寝台車付きの定期列車は特急「サンライズ瀬戸」「サンライズ出雲」だけとなってしまい、その専用きっぷのような感じだ。両列車にはA寝台のシングルデラックス、B寝台のソロ、サンライズツインなどといった個室が用意されており、これは部屋単位で発券される。

なお、これらのきっぷは個別に発券されることもあれば、乗車券＋特急券などをセットにして1枚のきっぷとして発券されることもある。

乗車券は運賃、特急券・グリーン券などは料金

鉄道などの交通機関を管轄する国土交通省では、「人または物品の輸送に対する対価」

を**「運賃」**、「運送以外の設備の利用や付加サービス、役務の提供に対する対価」を**「料金」**と定義している。つまり、乗車券は運賃、特急券・グリーン券・寝台券あたりは料金となるのだ。

この考えは運輸省時代の「鉄道運輸規程」で定められ、「国有鉄道運賃法」に引き継がれた。そのため、旧国鉄は厳密に運賃・料金を使い分け、民営化によって発足したJRもその伝統を引き継ぎ、時刻表などもこれに従った表記となっている。一方、JR以外の私鉄ではファジーな会社もあり、輸送の対価を料金と呼ぶところもある。

もっとも一般利用者には乗車券（運賃）も特急券（料金）も鉄道を利用する際にかかる対価で、それを区分けする必要はあまりない。そのため、メディアでは合わせて運賃、または料金とするものもあるが、鉄道ファンとしては「違うものだよ！」と突っ込みを入れたくもなる。まあ、電車賃あたりが無難な言葉と思うのだが。

乗車券は片道・往復・連続などの種類がある

同じルートで往復するなら往復乗車券がお得

ＪＲの乗車券は**「片道乗車券」「往復乗車券」「連続乗車券」**といった種類がある。片道乗車券は利用区間が重複しない場合、往復乗車券は同じ区間を往復利用する場合に使えるきっぷだ。連続乗車券は乗車区間が重複するなど片道乗車券とならない場合に区間を分けて（最大２区間まで）発券される。

注目しておきたいのは**往復乗車券**だ。単純には帰路のきっぷもいっしょに買えるということだが、メリットはそこだけではない。

まず、**有効期間が片道乗車券の２倍になる**。これは途中下車などに便利なケースが発生する。たとえば１０１キロ以上２００キロまでの営業キロがあるＡ駅からＣ駅に向かうとき、その途中のB駅で途中下車するケースを考えてみよう。

A駅からC駅までの片道乗車券の有効期間は2日間なので、通常はB駅のある町に1泊しかできない。一方、往復乗車券だと有効期間は2日間×2の4日間となり、計算上3泊まで可能となる。有効期間の延長をこのように活かすことができるのだ。

さらに**往復乗車券の場合、片道の営業キロが601キロ以上になると運賃が1割引となる。**これは復路分だけでなく、行きと帰りの両方の運賃に適応されるのだ！

本州3社の幹線を例にとると営業キロ601〜640キロの運賃は9790円。往復乗車券として購入すると片道分は9790円×0・9＝8811円の計算だが、10円未満は数切り捨てルールで8810円となる。往復分は8810円×2＝1万7620円、片道乗車券として行きと帰りで別々に買うより1960円もお得になる計算だ。

この割引率から541〜600キロの区間を往復する場合、601キロ以上の往復乗車券にするとお得になる。例えば東京〜大阪間往復なら、その先の加古川あたりまでの往復乗車券とする。戻るときは、改札口でかえり券で途中から引き返す旨を申告すればいい。

ＪＲも各社で異なる運賃体系

運賃は遠距離逓減、恩恵を受ける工夫も楽しみ

ＪＲの運賃は、基本的にキロ当たりの賃率に乗車区間の営業キロを乗じて運賃額とする「対キロ制」で計算されている。賃率は、山手線や大阪環状線内、東京・大阪電車特定区間、幹線、地方交通線といった区分でそれぞれに定められ、さらに幹線や地方交通線は本州ＪＲ各社、ＪＲ北海道、ＪＲ四国、ＪＲ九州でも独自に定めている。

時刻表にはこうして算出された各運賃の一覧が表として掲載されている。さらに「運賃計算の方法」などとしてその計算法も紹介されているが、実際に営業キロから運賃を計算するのはなかなか難しい。今ではＪＲ各社や民間の経路案内サイトで簡単に計算できるので、それを活用すれば簡単だが、自分で計算するとその仕掛けが判ってくるので

JR 東日本・JR 東海・JR 西日本の運賃の基準額　（2022年7月現在）

			第１地帯	第２地帯	第３地帯
東京・大阪電車特定区間	山手線内・大阪環状線内のみ	営業キロ	〜300キロ	―	―
		賃率	13円25銭	―	―
	その他	営業キロ	〜300キロ	301キロ〜	―
		賃率	15円30銭	12円15銭	―
幹線	営業キロ		〜300キロ	301〜600キロ	601キロ〜
	賃率		16円20銭	12円85銭	7円05銭
地方交通線	営業キロ		〜273キロ	274〜546キロ	547キロ〜
	賃率		17円80銭	14円10銭	7円70銭

おすすめだ。最後にＷｅｂで調べた数値と比べれば、自分の実力も判ってくるだろう。

表はＪＲグループで２０２３年まで使用していた賃率だが、営業キロによって段階分けされていることが判るだろう。会社や路線によって異なる部分もあるが、おおむね３００キロ、６００キロで線引きされ、**遠方だと近距離の半額以下という格安になっている**。この遠距離逓減《ていげん》の恩恵を受けるには、できるだけ距離の長い乗車券とすることが基本となる。例えば**往路と復路の経路を変え、一筆書きとする**人も多い。東京〜名古屋間の往復の場合、往路は中央本線、復路は東海道本線というルートだ（実際には名古屋駅の手前にある金山駅経由の乗車券とし、金山〜名古屋間は別途乗車券を用意する）。こんな工夫が鉄道旅の楽しみでもあるのだ。

有効期間と途中下車

途中下車を活用すれば、旅の幅が広がる

ＪＲの乗車券は、発売される営業キロごとに「有効期間」が決まっている。営業キロが１００キロまでは1日だが、**１０１キロ以上で2日となり、以後２００キロごとに1日追加するルール**だ。有効期間は表のようになるが、１２０１キロを超える場合も同様に計算すればいい。ただし**例外もあり、東京・仙台・新潟・大阪・福岡近郊区間内だけを移動する乗車券は営業キロに関わらず1日となる。**また、往復乗車券の有効期間は片道の倍、連続乗車券は各区間の営業キロに応じた日数を合算したものだ。

なお、乗車券の有効期間は、通常はきっぷを購入した日から始まる。ただし、指定券といっしょに購入する場合、乗車する列車に合わせて「○月○日から有効」と表示された乗車券

営業キロ	101キロ以上200キロまで	400キロまで	600キロまで	800キロまで	1000キロまで	1200キロまで
有効期間	2日	3日	4日	5日	6日	7日

を先行発売してもらえる。

この有効期間は「途中下車」という旅人にお得なルールにも関わってくるので、よくチェックしておこう。

「途中下車」とは、出発駅から目的駅に向かう途中の駅で、改札口外に出ることをいう。乗車券の有効期間内で、後戻りしない限り、何回でも途中下車することができる。例えば、東京から東海道本線で大阪に向かう乗車券の場合、有効期間は4日となり、途中で熱海、名古屋、京都などに立ち寄り、3泊まで宿泊することもできるのだ。

ただし、有効期間が1日となっている乗車券は途中下車の扱いがない。一度下車したら残りの区間があっても使えなくなってしまう。これは回数券も同様。さらに一部の割引きっぷでも途中下車できないものがあるので、事前に規則を確認しておこう。また、**都区内・特定市内発着の乗車券は、同一都区内・特定市内での途中下車はできない**。

このほか、ICカード乗車券や特急券、急行券、指定券、グリーン券（首都圏普通列車の場合、改札口を出ない乗り継ぎは可能）などには途中下車の制度はない。

都区内・特定市内発着の乗車券

複雑な大都市の運賃計算を簡素にする工夫

前項で**「都区内・特定市内発着の乗車券は、同一都区内・特定市内での途中下車はできない」**と簡単に紹介したが、もう少し詳しく見てみよう。

まず「都区内」というのは、東京23区内にあるJR駅のことで、ホームの駅名標などに［区］の記号が記されている。東京ではさらに「東京山手線内」というエリアも設定されており、［山］の記号が記されている。これは山手線とその内側にある駅を示し、四ツ谷・御茶ノ水など山手線が走っていない駅も含まれる。

同様に「特定市内」とは、札幌［札］・仙台［仙］・横浜［横］・名古屋［名］・京都［京］・大阪［阪］・神戸［神］・広島［広］・北九州［九］・福岡［福］に設定されており、概ねその市内に位置する駅がエリアとなっている。

この決まりは、路線が複雑で駅も数多く設置されている大都市を〝ひとつの駅〟に見なし、運賃計算などを簡便にするためにつくられたものだ。

このエリア内の駅から乗車する場合、実際に乗車する駅に関わらず、中心となる駅（都区内の場合は東京）から営業キロが201キロ以上ある駅との運賃は都区内または特定市内発着の乗車券となり、運賃計算は中心となる駅（都区内の場合は東京）発着で計算する。また、東京の場合、営業キロが101キロ以上200キロとなるとき、東京山手線内というエリアも使われ、これも東京駅発着で計算する。

例えば東京都区内の金町駅から京都の保津峡《ほづきょう》駅に向かう場合、それぞれの中心駅である東京〜京都間は201キロ以上あるので、きっぷは「東京都区内から京都市内ゆき」となり、運賃は513・6キロ、8360円となる。実際に乗車する区間の営業キロは金町〜東京〜京都〜保津峡で545・1キロ、8910円となり、550円もお得になる計算だ。

ただし東京都区内の西荻窪駅から長野県の信濃大町駅に向かう場合、249・9キロ、4510円となるところが、「東京都区内から信濃大町ゆき」となり270・5キロ、4840円となり、330円も損してしまう。もっとも都区内発着きっぷとなるため、新宿駅などから特急「あずさ」に乗ることもできる（西荻窪〜新宿間は複乗となるが、旅客営業取扱基準規程150条で問題なし。ただし、新宿駅での途中下車はできない）。

同一都区内などの駅で途中下車するには？

さて「同一都区内・特定市内での途中下車はできない」としたが、**出発時のエリア内では途中下車が可能**だ。これは乗車駅から下車駅までの運賃を別途支払えば、途中下車できる特例があるのだ。例えば、先述の西荻窪駅から乗車、新宿発の特急「あずさ」で信濃大町駅に向かう場合、新宿駅の有人改札口で事情を説明、西荻窪→新宿間の運賃220円を支払えば、途中下車でき、「東京都区内から松本ゆき」のきっぷはそのまま使える。これは覚えておくと活用できるケースもあるはずだ。

このほか、特例として大阪市内発着の乗車券で大阪駅と北新地駅を当日中に徒歩連絡する場合、また神戸市内発着で新神戸駅と三ノ宮・元町・神戸・新長田各駅で新幹線と在来線を乗り継ぐための途中出場ができる。当日限りの限定的な途中出場措置だが、実質的には途中下車のような利用も可能だ。

例えば、神戸市内着のきっぷの場合、新幹線で新神戸駅に到着。ここで「途中出場」して地下鉄で三ノ宮駅に移動。乗車前に周辺を散策してからJR在来線に乗って舞子駅まで旅を続けるなんて利用ができるのだ。

札 札幌市内の駅

仙 仙台市内の駅

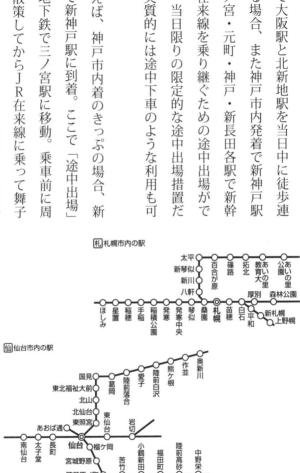

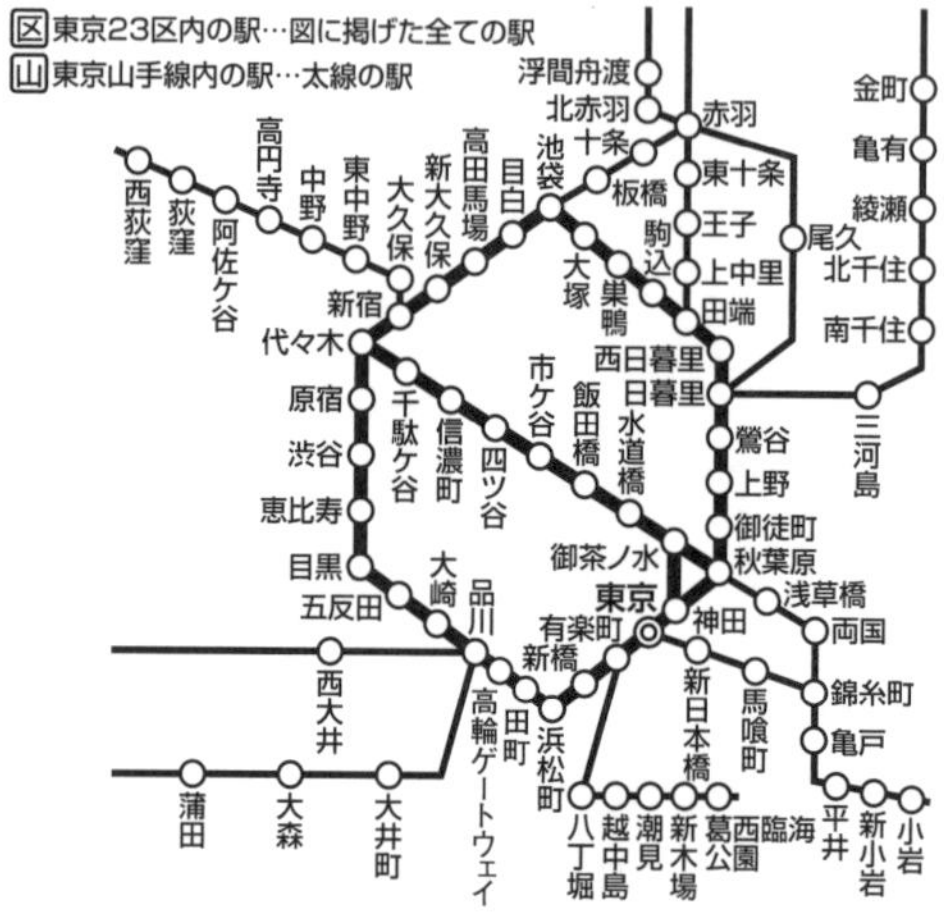
区 東京23区内の駅…図に掲げた全ての駅
山 東京山手線内の駅…太線の駅
浮間舟渡
北赤羽
赤羽
十条
東十条
王子
上中里
田端
尾久
池袋
板橋
駒込
巣鴨
大塚
西日暮里
日暮里
目白
高田馬場
新大久保
大久保
新宿
代々木
原宿
渋谷
恵比寿
目黒
五反田
大崎
品川
高円寺
中野
東中野
阿佐ケ谷
荻窪
西荻窪
千駄ケ谷
信濃町
四ツ谷
市ケ谷
飯田橋
水道橋
御茶ノ水
鶯谷
上野
御徒町
秋葉原
東京
神田
有楽町
新橋
浜松町
田町
高輪ゲートウェイ
西大井
蒲田
大森
大井町
八丁堀
越中島
潮見
新木場
葛西臨海公園
新日本橋
馬喰町
浅草橋
両国
錦糸町
亀戸
平井
新小岩
小岩
金町
亀有
綾瀬
北千住
南千住
三河島

浜 横浜市内の駅
(川崎駅・尻手駅・八丁畷駅・川崎新町駅
小田栄駅及び鶴見線内各駅を含む)
長津田
十日市場
中山
鴨居
小机
新横浜
菊名
大口
東神奈川
新子安
鶴見
横浜
戸塚
東戸塚
保土ケ谷
桜木町
関内
石川町
山手
根岸
磯子
新杉田
洋光台
港南台
本郷台
国道
鶴見小野
弁天橋
新芝浦
海芝浦
浅野
安善
大川
武蔵白石
矢向
尻手
川崎
八丁畷
川崎新町
小田栄
浜川崎
昭和
扇町

名 名古屋市内の駅
名古屋
春田
八田
尾頭橋
金山
鶴舞
千種
大曽根
新守山
熱田
笠寺
大高
南大高

京 京都市内の駅
保津峡
嵯峨嵐山
太秦
花園
円町
二条
丹波口
梅小路京都西
京都
山科
西大路
桂川
東福寺
稲荷
JR藤森
桃山

阪 大阪市内の駅
（南吹田駅・高井田中央駅・JR河内永和駅
JR俊徳道駅・JR長瀬駅及び衣摺加美北駅を含む）

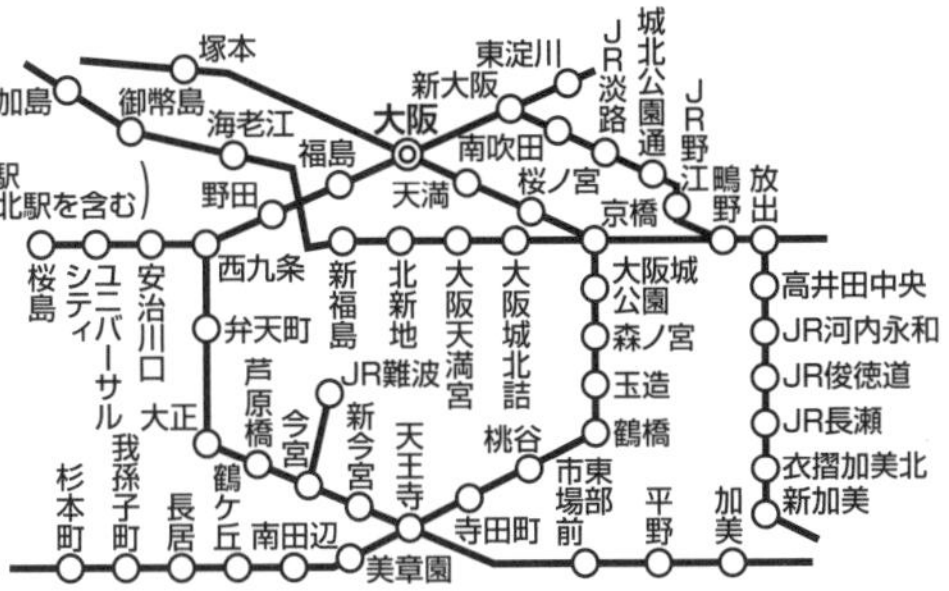

神 神戸市内の駅（道場駅を除く）

広 広島市内の駅（海田市駅・向洋駅を含む）

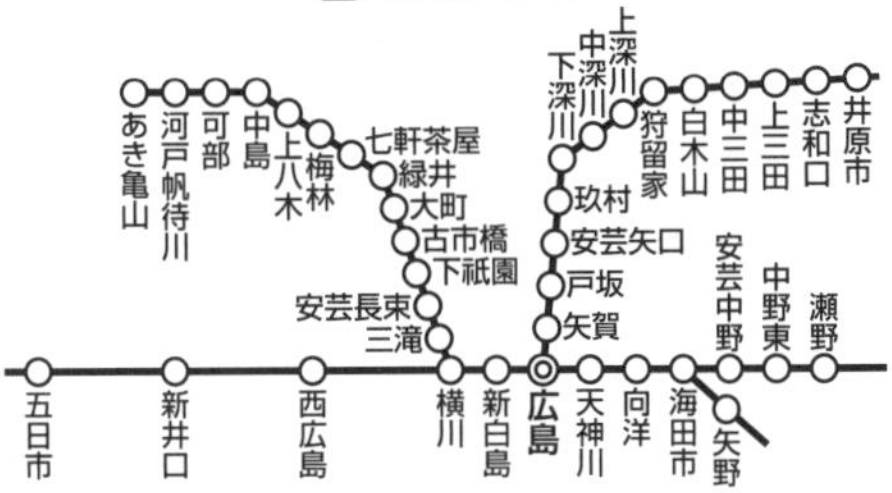

九 北九州市内の駅

福 福岡市内の駅
（姪浜駅・下山門駅・今宿駅
九大学研都市駅及び周船寺駅を除く）

乗車ルートは自由自在の大都市近郊区間

大都市近郊区間の運賃は最短ルートで計算

ＪＲグループには「**大都市近郊区間**」というルールもある。

大都市では路線が網の目のように密集しており、目的駅までの乗車ルートが複数想定されることが多い。そこで大都市近郊区間内発着の運賃を定める際、「**実際に乗車する経路にかかわらず、最も安くなる経路で計算**」という便法にて取り扱うようになったのだ。なお、乗車区間によっては営業キロが１０１キロを超えてしまうケースもあるが、有効期間はすべて1日。また、途中下車もできない。これは普通乗車券だけでなく、回数乗車券でも同じ扱いだ。

大都市近郊区間の設定都市やエリアは、時代とともに変化し、現在は東京・大阪・仙台・新潟・福岡と5つのエリアが設定されている。

乗車経路は自由に選べるが、「重複経路は選べない」という制約がある。これは読んで字の如くで常識的に判断できるだろう。

例えば、快速と各停を組み合わせた折り返し乗車はできない。新宿駅から吉祥寺駅に向かう場合、中央特快で三鷹駅に向かい、ここから吉祥寺駅に戻ってくるような乗り方だ。この場合、吉祥寺〜三鷹間が重複乗車となっている。

また、**同じ駅を2回通過することもできない**。これは赤羽駅から京浜東北線で大宮駅に向かい、埼京線・武蔵野線を経由して新松戸駅に向かうような乗り方だ。この場合、路線は異なるが、南浦和駅を2回通過することになる。

一方、地図上で交差しているものの、別路線とされるものもある。「仙台近郊区間」で仙台駅から東北本線で松島駅に向かうルートと仙石線で高城町《たかぎまち》駅に向かうルートは途中で交差しているが、別路線だ。また「東京近郊区間」では、京浜東北線などの川崎〜鶴見間と南武線の尻手《しって》〜浜川崎間が交差しているが、これも別路線となっている。

東京近郊区間

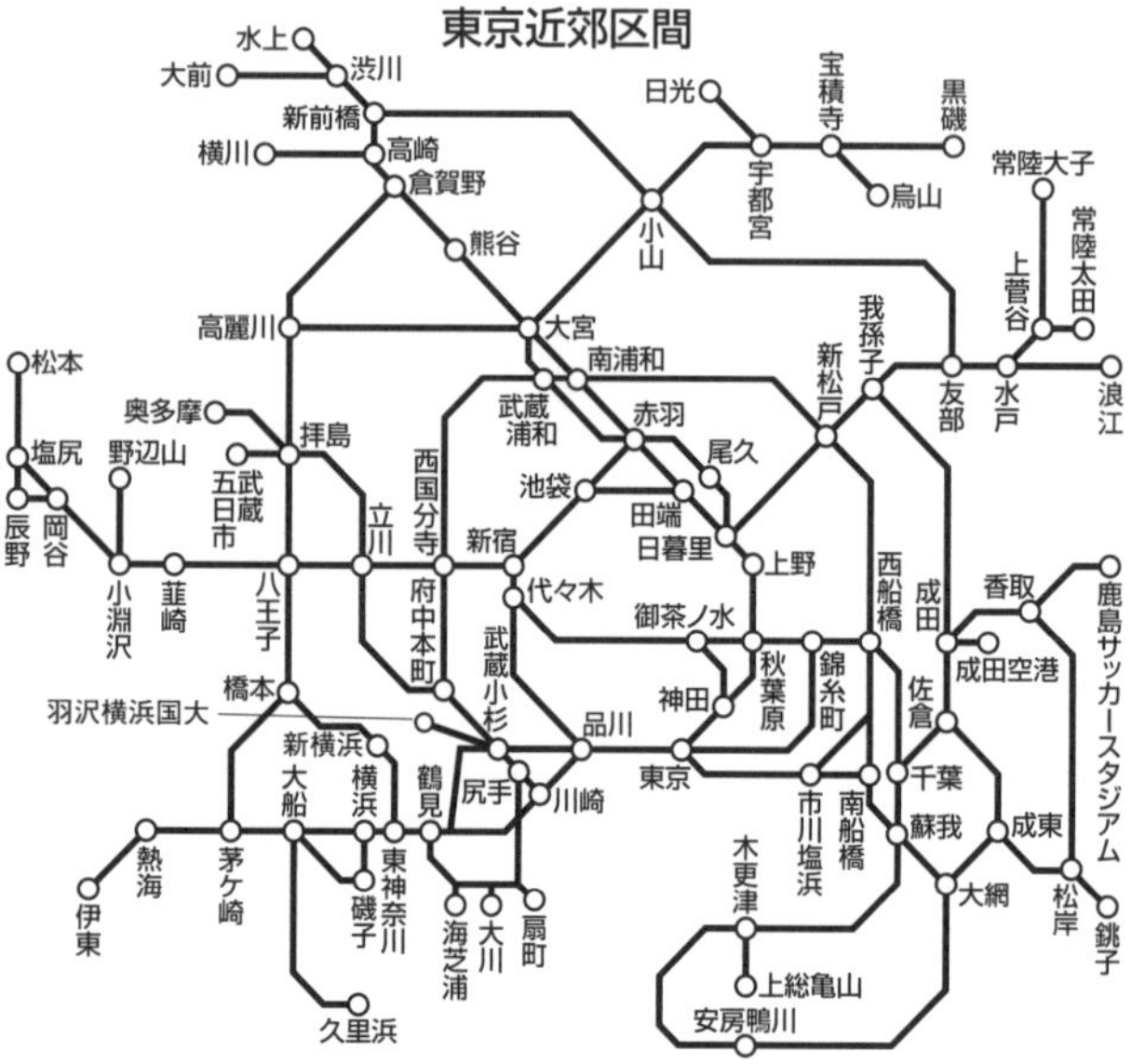

※新幹線で東京〜熱海間、東京〜那須塩原間、東京〜高崎間を
利用する場合は含まれない

大阪近郊区間

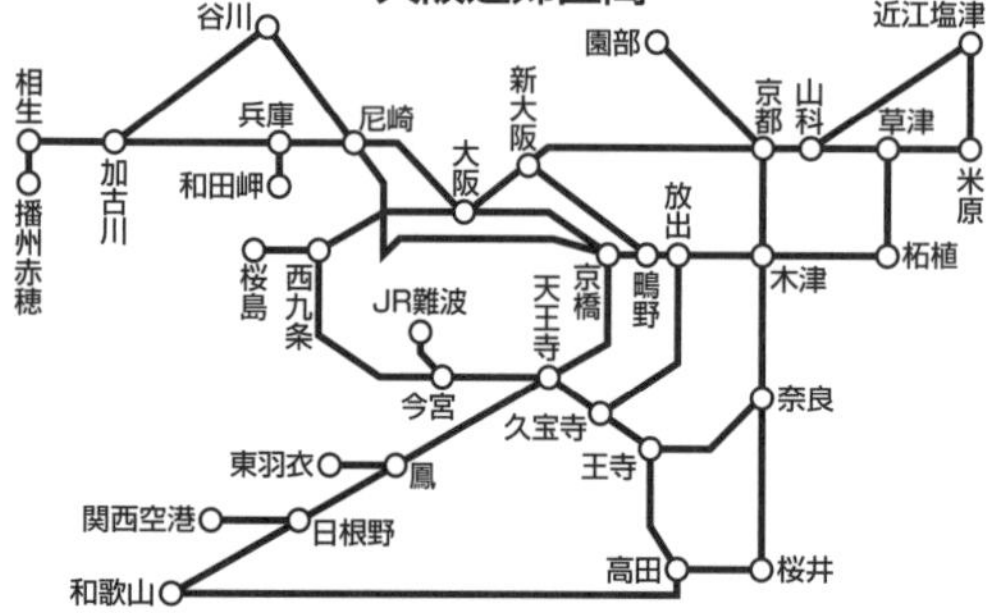

※新幹線で新大阪〜西明石間を利用する場合は含まれない

仙台近郊区間

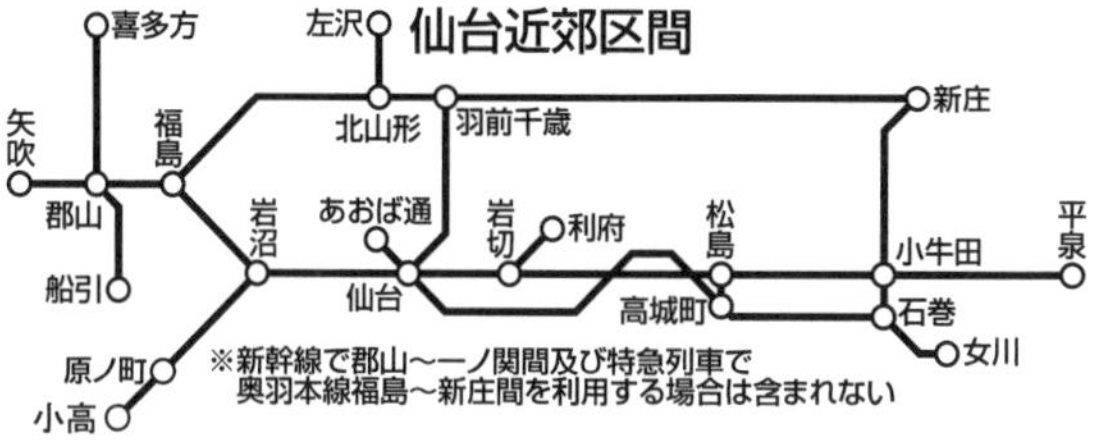

※新幹線で郡山〜一ノ関間及び特急列車で
奥羽本線福島〜新庄間を利用する場合は含まれない

新潟近郊区間

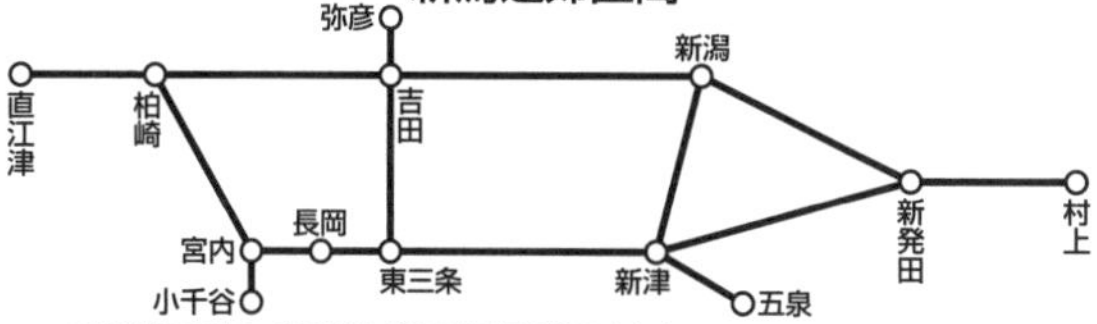

※新幹線で長岡〜新潟間を利用する場合は含まれない

福岡近郊区間

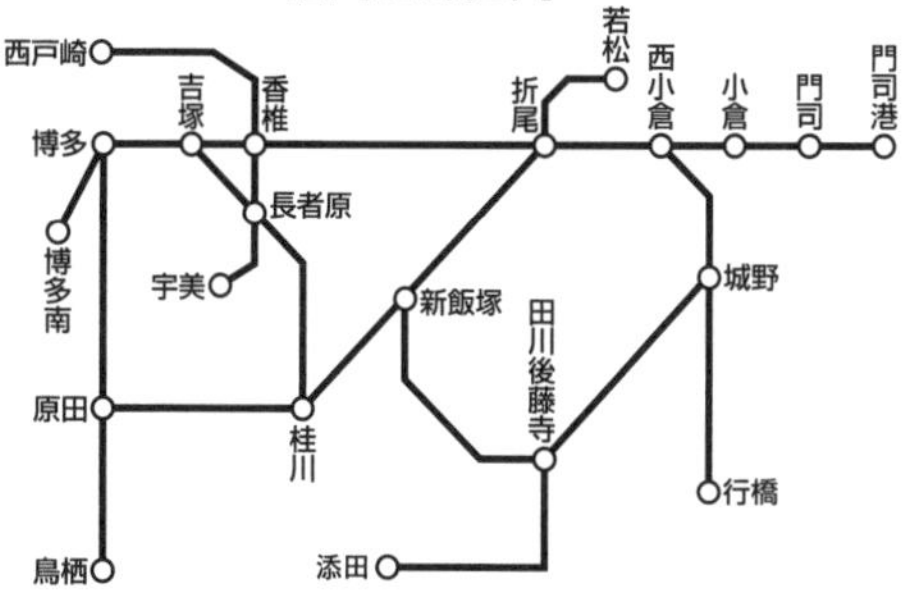

※新幹線で小倉〜博多間を利用する場合は含まれない

ルールを活用して大回り乗車

東京なら150円で一日たっぷり乗車

大都市近郊区間のルールに則った鉄道ファン向けの遊びが「大回り乗車」だ。例えば、山手線で新宿駅から代々木駅に向かう場合を考えてみよう。山手線は環状運転なので、内回り線・外回り線のどちらを利用しても代々木駅に行ける。内回り線に乗れば新宿駅の隣、1駅ですぐに着いてしまう。

一方、外回り線に乗れば、池袋・田端・上野・東京・品川・渋谷などを経由して代々木駅へと到着する。この経路は重複せず、同じ駅を2回通ることもない。合法的な乗車となり、その運賃は新宿〜代々木間を最短で計算した営業キロは0・7キロ、150円となる。ちなみに外回り線で移動した場合の営業キロは33・8キロにも達している。

この考え方を拡げていけば、例えば新橋駅をスタートし、東海道本線・相模線・横浜線・八高線・上越線・両毛線・水戸線・常磐線・成田線・総武本線・東金線・外房線・内房線・京葉線・山手線経由で有楽町駅に向かう「関東外周大回り」なんてことも計画可能だ。これでも運賃は新橋→有楽町間の150円で済むのである。

実際に大回り乗車にチャレンジする場合の注意点をいくつか。

●スケジュールを検討しておくこと

新橋→有楽町間で関東外周大回りの計画を披露したが、現実問題としては1日で回ることはできず、実行不可能なプランだ。途中下車できないことも考え合わせて、事前にゆとりを持ったスケジュールを検討しておこう。

●きっぷを購入しよう

この大都市近郊区間のルールはＳｕｉｃａなどのＩＣカード乗車券にも適用される。ただし、ＩＣカード乗車券の場合、一定時間を過ぎてしまうと自動改札口を通れなくなってしまうこともある。実は不正利用を防止するなどの目的で制限時間を設けているのだ。

しかも、「何時間までＯＫ」といった情報は非公開になっている。自動改札口を通れなくなってしまった場合、駅員に理由説明をしなければならない。

また、車内検札などで車掌に理由説明をしなければならないこともある。このときもＩＣカード乗車券ではなく、きっぷの方が説明しやすいだろう。

●計画ルート図なども用意しよう

先述のように駅員や車掌に理由説明をする場合、きっぷだけでなく、計画ルートなども用意しておくと説明しやすい。

●浜川崎駅の乗り換え

浜川崎駅では鶴見線と南武線が発着しているが、駅が分かれて設置されているため、乗り換えには一旦改札口の外に出なければならない。駅員にきっぷや計画ルート図などを見せて説明すること。これはあくまでも乗り継ぎで、途中下車ではない。

大阪近郊区間
大回り乗車プラン
140円

9時頃出発

大阪
（東海道・湖西線／新快速／敦賀行き）
↓
近江塩津
（北陸・東海道本線／新快速／姫路行き）
↓
草津
（草津線／柘植行き）
↓
柘植
（関西本線／加茂行き）
↓
加茂
（関西本線／大阪行き）
↓
奈良
（桜井・和歌山線／王寺行き）
↓
王寺
（関西本線／区間快速／大阪行き）
↓
福島　17時頃着

東京近郊区間
大回り乗車プラン
150円

8時30分頃出発

東京
（京葉線／蘇我行き）
↓
蘇我
（内房線／快速／君津行き）
↓
木更津
（内房線／館山行き）
↓
館山
（内房線／安房鴨川行き）
↓
安房鴨川
（外房線／千葉行き）
↓
大網
（東金線／成東行き）
↓
成東
（総武本線／銚子行き）
↓
松岸
（成田線／千葉行き）
↓
千葉
（総武・横須賀線／快速／久里浜行き）
↓
新日本橋 18時30分頃着

大都市近郊区間で途中下車できる!?

新幹線経由のきっぷなど裏ワザを伝授

大都市近郊区間では「大回り乗車」といった楽しみもあるが、途中下車できないのが難点でもある。特に近年、そのエリアは拡張傾向にあり、東京近郊区間では北は福島県のいわき駅、西は長野県の松本駅まで達している。仮に、いわき〜松本間を常磐・東北・中央本線経由で乗車すると営業キロは450・6キロ。通常の有効期間で考えると4日になるが、同一区間内のみの移動となるため、有効期間は1日、しかも途中下車できない。目的地までの単純移動ならこれでもいいが、やはり旅となると途中下車なども楽しみたいところだ。

大都市近郊区間で途中下車をする方法はないのだろうか?

このルールが適応されるのは、大都市近郊区間内の駅で発着する場合だ。発駅または着駅のどちらかがその区間から外れていれば、一般の乗車券と同じルールになり、さらに101キロ以上乗車するなら有効期間が増え、途中下車の可能性も生まれる。ここに注目しよう。

ひとつは**乗車券を大都市近郊区間の外まで購入する方法**だ。

例えば新宿駅から松本駅まで行く場合、東京近郊区間に含まれない北松本駅（大糸線）まで飛び出して購入するのだ。乗車券は「東京都区内から北松本ゆき」となり、発売される営業キロは236・1キロ、4070円となる。有効期間は3日間、吉祥寺～松本間では自由に途中下車できる。ちなみに新宿～松本間は225・1キロで4070円。このケースでは運賃の差額もない。

また、**新幹線経由の乗車券とする方法**もある。64～65ページに示した大都市近郊区間の図をJR東日本のきっぷ案内などで見ると「＊新幹線で東京～熱海間、東京～那須塩原間、東京～高崎間をご利用になる場合は含まれません。」と記されている。これは、時刻表の営業案内などでも表現の差こそあれ同じ注記が入っている。

このように**大都市近郊区間から除外される**のは、次の通りだ。

【東京近郊区間】 東海道新幹線東京～熱海間、東北新幹線東京～那須塩原間、上越新幹線東京～高崎間

【大阪近郊区間】 山陽新幹線新大阪～西明石間

【仙台近郊区間】 東北新幹線郡山～一ノ関間、山形新幹線福島～新庄間

【新潟近郊区間】 上越新幹線長岡～新潟間

【福岡近郊区間】 山陽新幹線小倉～博多間

気を付けておきたいのは、大阪近郊区間では東海道新幹線米原～新大阪間が含まれていないこと。これは在来線と同じ扱いなのだ。また、仙台近郊区間では「奥羽本線福島～新庄間で特急列車利用の場合」のように記載されているが、これは判りやすく山形新幹線とした。

では、実際にどのようなきっぷを購入すればいいのだろうか。例えば、高崎駅から鎌

倉駅に向かう場合、高崎〜東京間を新幹線経由として購入する。これにより大都市近郊区間内発着ではなくなり、一般の乗車券と同じルールで「高崎から鎌倉ゆき」きっぷは営業キロ156・0キロ、2640円、有効期間2日となる。これで東京駅や横浜駅などで途中下車ができるようになる。ちなみに東京近郊区間として購入してしまうと、運賃は2640円と変わらず、有効期間は1日、途中下車不可となる。

さらに新幹線と並行在来線は同一とみなすことになっているので、新幹線経由で購入した乗車券であっても新幹線・在来線のどちらに乗ってもいい。これは乗客の裁量に任されているのだ。これにより高崎〜東京間で在来線を利用、本庄や川口といった駅に途中下車することもできるのだ。

2つの裏ワザを紹介したが、これに当てはまらないケースもあるだろう。この場合、途中で下車したい駅までごとに区間を区切って購入するしかない。乗車区間が残っていても大都市近郊区間のきっぷで下車してしまえば、それで効力は終了。過剰額の払い戻しもないのだ。

新幹線や特急利用に欠かせない特急券

乗り遅れたらときは次列車の自由席へ

新幹線やJRの特急に乗るとき、乗車券のほかに「特急券」が必要となる。私鉄で運行されている特急の場合、特急券不要という列車もあるが、JRと同様に特急券を必要とするもの、それ以外の名称の特別なきっぷを必要とするものもある。ここではJRの特急券について説明しよう。

新幹線やJRの特急には指定席と自由席があるが、国鉄時代、特急はすべて指定席だけで運行していた歴史もあり、その料金は指定席が基本、自由席はそこから割り引くといったスタイルで計算されている。

特急料金は新幹線と在来線で分かれているだけでなく、さらに在来線では運行区間によってA特急料金・B特急料金に分かれている。また、利用距離によって料金が変わるだけでなく、季節によって通常期・繁忙期・閑散期の料金がそれぞれ設定されている。なお、JR各社でそれぞれの事情に合わせて独自に決めているケースもあり、実態はかなり複雑だ。

基本として覚えておきたいのは、

- **特急券は列車ごとに必要となる。**
- **指定席特急券は指定された列車にのみ有効。**
- **指定席特急券は使用開始前・列車発車前に限って変更可能。**
- **指定された列車に乗り遅れた場合、その払い戻しはない。**
- **指定席特急券は指定された列車と同一日の自由席を利用できる。**
- **自由席の場合、通常期指定席料金の530円引きで通年同額。**
- **子どもの特急料金はおとなの半額（端数切り捨て）。ただし例外列車もある。**

といったところだ。

お得な特急料金の設定もある

JRの特急料金は、先述のようにかなり精緻に定められているが、利用を促進するため、あるいは実態に合わせた合理化のため、例外的な設定もある。

例えば、JR北海道の在来線特急では繁忙期・閑散期の設定はなく、通年、通常期の料金設定だ。さらに25キロまでなら自由席・立席で330円と格安な設定もある。また、JR四国は基本的にA特急料金となっているが、四国内なら25キロまでなら自由席450円とこれも格安な設定だ。高松〜琴平間の移動などで活用してみたい。

このほか、JR東日本の**「ひたち」「ときわ」「スワローあかぎ」「あずさ」「かいじ」などは全車指定席で運転されているが、事前購入と車内購入によって特急料金の価格を変えている**。事前購入の特急券は、「指定席特急券」「座席未指定券」の2種がある。前者は通常の指定席特急券と同じだが、後者は乗車日・乗車区間のみの設定。乗車する列車が決まったら手数料なしで指定席特急券に変更、あるいは車内の空席に自由に座れる（指定席特急券所持者が来たら座席を異動する）。ちなみに事前購入の場合、従来の自由

お得なJRの特急料金（特急料金の例外）

会社別	特例特急料金の適用区間		指定席（通常期）	自由席
JR東日本	越後湯沢～ガーラ湯沢間		—	100円
	「日光」「きぬがわ」「スペーシアきぬがわ」を新宿発着で東武線内にまたがって利用する場合のJR区間		1050円	—
	「成田エクスプレス」の渋谷―千葉間		事前料金 760円 車内料金 1020円	—
JR東海	富士～甲府間、豊橋～飯田間、多治見～塩尻間、名古屋～亀山～新宮間（伊勢鉄道経由なら別途320円が必要）、岐阜～猪谷間	左記の区間で30キロまで	—	330円
		左記の区間で50キロまで	—	660円
	松田～御殿場間		860円	—
JR西日本	津幡～和倉温泉間で51キロ以上の区間		1290円	760円
	鳥取～出雲市間、米子～益田間で101キロ以上150キロの区間		—	1560円
	上記区間で150キロ以上		—	1800円
	博多～博多南間		—	130円
JR四国	JR四国内の25キロまでの区間		—	450円
	JR四国内の50キロまでの区間		—	530円
JR九州	門司港または下曽根・小倉～博多間（25キロまでの区間を除く）		1130円	事前料金 600円 車内料金 800円
	博多～直方間（篠栗線・筑豊本線経由）（25キロまでの区間を除く）		1030円	500円
	国分～鹿児島中央間、霧島神宮～重富間、吉松～隼人間		1030円	500円
	上記以外の霧島神宮または吉松～鹿児島中央間		1130円	600円
	宮崎～南郷間（25キロまでの区間を除く）		1130円	600円

（2024年11月現在）

席より割高だが、通常期指定席より割安という価格設定だ。

指定券の発売日

発売開始は1か月前の午前10時から

新幹線や特急に乗るとき、指定席を用意しておくと安心だ。なかには全車指定で運行されており、指定券がないと乗車できない列車もある。指定席特急券などは、JR主要駅に設置された「みどりの窓口」「きっぷうりば」をはじめ、旅行センターや旅行会社で取り扱っている。また、スマホやパソコンなどによるJR東日本の「モバイルSuica特急券」、JR東海・JR西日本の「エクスプレス予約」、JRグループの「CYBER STATION」でも扱っている。

指定券の発売開始は、利用する列車が発車する日の1カ月前（前月の同じ日）の午前10時から全国一斉発売が基本だ。なお、前の月に同じ日がない場合は表のようになる。これ

発売日の特例一覧

乗車する列車の出発日	3月29·30·31日	5月31日	7月31日	10月31日	12月31日
指定券の売り出し日	3月1日	5月1日	7月1日	10月1日	12月1日

※うるう年の場合は、3月29日分は2月29日に発売開始

は「エクスプレス予約」などでも同じだが、「CYBER STATION」は現在のところ同じ日の午前11時からと解禁時刻が1時間繰り下がっている。

希望する列車の指定席を確実に入手するためには、この解禁時刻のタイミングで「マルス」（JRグループの指定券類を予約・発券するコンピュータシステム）を操作してもらうことに尽きる。申し込みは窓口の営業時間内に限られるので、まずは窓口の営業時間を確認しよう。場所によっては定休日に重なってしまうなんてこともある。

また、申込書を午前10時以前に受け取り、解禁時刻と同時に操作するサービスを行なっている窓口もある。残念ながらこの扱いは少なくなってしまったが、こうした窓口を見極めることも肝心だ。ちなみに「モバイルSuica特急券」では、乗車日の1カ月前よりもさらに1週間前（同曜日）の朝5時30分から事前予約登録というサービスを行っている。ここでは解禁と同時に予約を確認、ユーザーにその結果を教えてくれるというものだ。予約できていたら、通常の購入へと進むことができる。ただし、シートマップから座席選択できないなどの制約もある。

きっぷの変更

損をしないための、知っておきたい変更ルール

旅行前や旅行中に計画を変更することも考えられる。そんなときのために「きっぷの変更」について知っておく方が安心だ。

ＪＲの場合、乗車券、指定券（指定席特急券・指定席グリーン券・寝台券・指定券）、**自由席券**（自由席特急券・急行券・自由席グリーン券）**で取り扱いが違う。**また、**使用開始前と使用開始後でも取り扱いが変わってくる**ので、注意したい。

●乗車券の変更

【使用開始前】通常の乗車券の場合、**有効期間内であれば、1回に限り無料で変更できる。**手数料はかからず、差額は精算される。２回目以降の変更は、いったんきっぷを払い戻

して、再度購入することになる。また、クレジットカードで購入した場合、カード会社によって扱いが変わる。

なお、割引きっぷ、回数券などは原則として変更できない。

【使用開始後】乗り越しの場合、乗り越し区間の運賃を支払う（元の乗車券が東京都区内・東京山手線内・各特定都市内着の場合、乗り越し区間はそのエリアの出口駅から計算）。ただし元の乗車券が大都市近郊区間内相互や片道100キロ以内の場合、新旧運賃の差額を支払う。

経路や行き先変更の場合、使わない区間と変更区間の運賃を比較して不足があれば不足額を支払う。過剰になったときの払い戻しはない。

●指定券の変更

【使用開始前】指定券類の場合、列車の発車時刻前（窓口の指定券取り扱い営業時間内に限る）ならば、1回に限りその時点で発売されているどの列車にも無料で変更できる。手数料はかからず、差額は精算される。クレジットカードで購入した場合、カード会社によって扱いが変わる。

「北斗」「すずらん」「おおぞら」「とかち」「踊り子」「湘南」「あずさ」「かいじ」「富士山回遊」「はちおうじ」「おうめ」「あかぎ」「ひたち」「ときわ」「成田エクスプレス」「しおさい」「わかしお」「さざなみ」の座席未指定券の場合、同一区間であればきっぷに表示された列車の指定席特急券に変更可能。この場合は変更回数にカウントされない。

【列車に乗り遅れたとき】 指定席特急券・指定席グリーン券・寝台券・指定券は無効となり、変更や払い戻しもできない。

しかし、**指定席特急券の場合、指定された列車と同じ日に限り、後続列車の普通車自由席を利用できる救済措置がある。**

なお、全車指定席の「はやぶさ」「はやて」「つばさ」「こまち」「かがやき」の場合、同じ日の後続列車（「はやぶさ」「こまち」には利用制限がある）を立席で利用できる。同じく全車指定席の「北斗」「すずらん」「おおぞら」「とかち」「踊り子」「湘南」「あずさ」「かいじ」「富士山回遊」「はちおうじ」「おうめ」「あかぎ」「ひたち」「ときわ」「成田エクスプレス」「しおさい」「わかしお」「さざなみ」は同じ日の後続列車を立席で利用でき、空席があれば着席もできる。

また、JR西日本在来線内の指定席特急券の場合、同じ日の後続全車指定席特急（「花嫁のれん」など一部列車を除く）でも立席で利用できる。

●自由席券の変更

【使用開始前】自由席券類の場合、列車の発車時刻前（窓口の指定券取り扱い営業時間内に限る）ならば、1回に限り同じ種類のきっぷまたは発売中の指定券類に無料で変更できる。手数料はかからず、差額は精算される。クレジットカードで購入した場合、カード会社によって扱いが変わる。

【使用開始後】区間変更や指定席への変更ができる。不足額は支払い、過剰額の払い戻しはない。

列車遅延などの取扱い

新幹線が2時間遅れたら特急料金はタダ!?

天災などで列車が遅れたり、運行できなくなったりすることもある。そんなときのきっぷの扱いはどうなるのだろうか？　ＪＲの場合、全額払い戻しというルールもあるが、あくまでも自己申告制。知らないと損してしまうこともある。

●列車が遅れたとき

【新幹線や特急の場合】　特急（新幹線を含む）および急行列車が2時間以上遅れた場合、特急・急行料金は全額払い戻される。手数料も不要だ。

これは降車駅の精算窓口で申し出る。場合によっては証明書を発行（きっぷに遅延スタンプを捺印して代える場合もある）して、1年以内にほかの駅窓口でも払い戻しできるとされることもある。

こうした特急などの遅れに対する措置は、車内のアナウンス、降車駅のアナウンス、降車駅改札口付近の掲示などによって案内される。遅れが出ている場合、こうした情報を聞き逃したり見落としたりしないようにしよう。

また、割引きっぷは取り扱いが異なる場合もある。なお、運賃の払い戻しはない。

【普通列車の場合】 普通列車（快速を含む）の場合、遅延による払い戻しはない。

【遅延によって乗り継ぎ列車に乗れなかった場合】 列車が遅れたことにより乗り継ぐ列車に接続しなかった場合、旅行の取りやめ、乗車券有効期間の延長などの措置が取られる。旅行の取りやめは「列車が運転できなかったとき」と同じ対応になる。

●列車が運転できなくなったとき

【きっぷ購入前】 きっぷの発売が停止されるが、迂回運転やバスなどの代行輸送が行なわれるときは同額で発売される。
【出発前】 すでにきっぷを持っていて旅行を取りやめる場合、運賃・料金は全額払い戻し戻される。手数料はかからないが、クレジットカードで購入した場合、購入場所でのみ取り扱うことになることもある。

自分で迂回コースを設定して旅行を実行する場合、先述の「きっぷの変更」で対応することも可能だが、変更回数に含まれてしまうので、いったん払い戻すのがおすすめ。

【出発後】 旅行を取りやめる場合、出発駅まで無料で戻れ（乗車する列車を指定されることもある）、運賃・料金は全額払い戻しされる。手数料はかからないが、クレジットカードで購入した場合、購入場所でのみ取り扱うことになることもある。

乗車中の特急が車両故障などにより途中で運転を取りやめた場合、後続の特急に乗車できる。当初、乗車していた特急の料金は全額払い戻され、後続特急の料金も不要だ。

ただし、東海道新幹線の品川〜東京間、東北・上越・北陸新幹線の大宮〜上野・東京間または上野〜東京間などで運転ができなくなった場合、特急料金は利用できた区間までの価格となり、その差額のみ払い戻される。

また、寝台料金については、使用開始後、朝の6時までに一部区間でも利用できなくなった場合に限り、全額払い戻される。例えば、朝の6時過ぎに運転ができなくなった場合、特急券の扱いは先述の通りだが、寝台については所定の利用ができたと判断されるわけだ。

割引きっぷの場合、商品によって取り扱いが異なる場合がある。

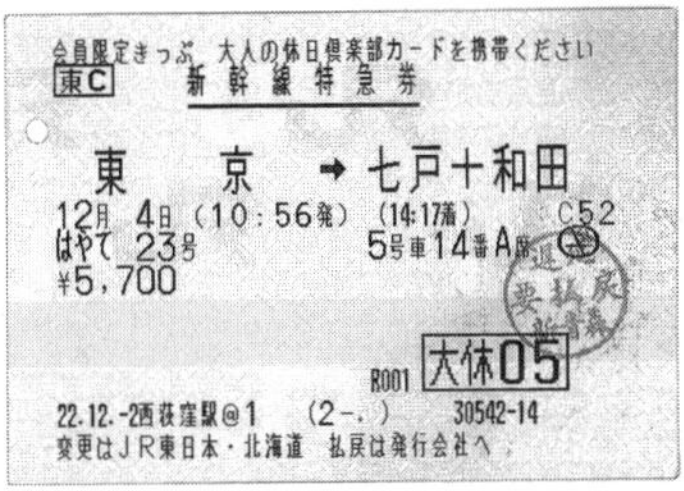

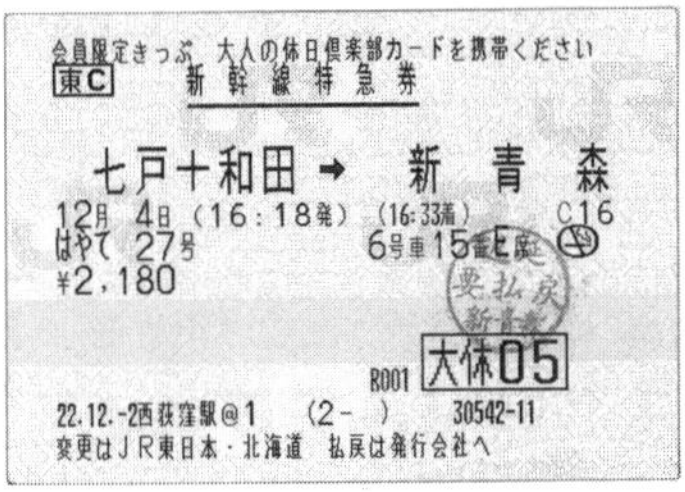

東北新幹線の全線開業となった2010（平成22）年12月4日、東京～新青森間の旅を企てた。ただ単純に乗り通してはつまらないと、七戸十和田駅で途中下車、3キロほど離れた南部縦貫鉄道の七戸駅跡に寄っていくことにした。

しかしこの日、東北地方は強風が吹き荒れ、多くの列車が影響を受けた。ぼくの乗った「はやて23号」は宇都宮駅に4時間ほど臨時停車、運転再開は15時過ぎだった。結局、途中下車はあきらめ、そのまま新青森駅に直行。乗り継ぐ予定だった「はやて27号」もゆうに2時間以上遅れており、指定券を持っていた両列車に対して払い戻しの措置が取られたのだ。

ただし、新青森駅は大混雑。きっぷに遅延証明のスタンプが押され、1年以内に適当な駅で払い戻して……と案内されたのである。

きっぷの払い戻し

使用開始後でも一部払い戻しの可能性が!!

自分の理由で旅行を取りやめることもある。手数料は必要だが、運賃や料金の払い戻しを受けられるケースがある。払い戻しのルールも熟知しておきたい。

●使用開始前の払い戻し

乗車券などは有効期間内、指定券類は列車の出発時刻まで払い戻しが可能だ。ただし、手数料はきっぷの種類によって異なり、指定券類は払い戻しを受ける日によって取り扱いが変わる。なお、クレジットカードで購入した場合、会社によって取り扱いが異なる。

【乗車券】 普通乗車券・回数乗車券とも未使用で有効期間内であれば手数料220円で全額払い戻される。

【自由席券類】 自由席特急券・特定特急券・自由席グリーン券は未使用で有効期間内であれば手数料220円で全額払い戻される。

立席《りっせき》特急券は未使用で出発時刻までであれば手数料220円で全額払い戻される。

【指定席券類】 指定席特急券・指定席グリーン券・寝台券・指定券は、列車出発日の2日前までであれば手数料340円で全額払い戻される。また、出発日の前日から出発時刻までは手数料が30％（最低340円）かかってしまう。

希望の指定券が取れなかった場合、出発日の2日前ぐらいに再度申し込むと空席が見つかると言われるが、じつはこの払い戻し手数料の変化に関係している。2日前を過ぎると手数料は30％にアップ、払い戻し額が70％になってしまうことから、駆け込みで払い戻すケースがあるのだ。指定券が買えなかった時の再チャレンジ裏ワザとして覚えておきたい。

なお、「北斗」「すずらん」「おおぞら」「とかち」「踊り子」「湘南」「あずさ」「かいじ」「富士山回遊」「はちおうじ」「おうめ」「あかぎ」「ひたち」「ときわ」「成田エクスプレス」「しおさい」「わかしお」「さざなみ」の座席未指定券は、乗車日まで手数料340円で全額払い戻される。

●使用開始後の払い戻し

乗車券類は使用開始後でも一定の条件の元で払い戻しが可能だ。

【普通乗車券】 有効期間内で、未使用区間が101キロ以上残っているとき、使用済み区間の運賃と手数料220円で残額が払い戻される。この払い戻しの扱いは、旅行を中止した駅に限られる。

【回数乗車券】 有効期間内の未使用券は、発売額から使用済み枚数分の普通運賃(回数券として割り引かれたものではない)と手数料220円を引いた残額が払い戻される。

ＪＲの主な払い戻し手数料

きっぷの種類	払い戻しの条件	手数料
普通乗車券 回数乗車券 急行券 自由席特急券 特定特急券 自由席グリーン券	使用開始前で有効期間内（前売りの乗車券類については有効期間の開始日前を含む）	220円
立席特急券	出発時刻前まで	220円
指定席特急券 指定席グリーン券 寝台券 指定席券	列車出発日の２日前まで	340円
	出発日の前日から出発時刻まで	30% （最低340円）

JRのきっぷの払い戻しなら、「みどりの窓口」と「きっぷうりば」へ

きっぷの紛失

何といっても落とさないのが肝心

旅行中、あるいは事前に用意していたきっぷをなくしてしまうこともある。自己責任ゆえ新たに買い直さねばならないが、JRの場合、救済措置も用意されている。**元のきっぷが見つかった場合、1年以内なら払い戻してくれる!!** のだ（ただし手数料が必要）。

手続きの方法は

①きっぷの紛失で再購入する際、駅や車掌にその旨を伝えると、「紛失再」の表示を入れて発券してくれる。これは紛失再発行の意味だ。

再購入するきっぷは、元のきっぷと同じ区間・列車・設備とすること。指定券については同じ列車に限られている。

②下車する際、きっぷに表示された「紛失再」を見せて持ち帰る。このとき、日付入りの「再収受証明」も受けること。

③きっぷが見つかった場合、「再収受証明」を受けた日の翌日から1年以内であれば、駅の精算窓口などで乗車券などは手数料220円、指定券などは同340円で払い戻してくれる。このとき、見つかったきっぷ、再収受証明を受けた再購入分のきっぷが必要。

紛失の原因が盗難であっても、同様の措置を受けられる。ただし、定期券・回数券はこの救済措置がなく、また割引きっぷなどは取り扱い方が異なることもあるので注意。

ともあれ、きっぷをなくさないようにするのが肝心だ。ズボンのポケットなどについ入れてしまうこともあるが、これは危険。**パスケースや財布の中に入れる習慣があれば、まず大丈夫**だろう。

ぼくはチャック付きの透明ファイル袋を使っている。きっぷぴったりのサイズではなく、A4判ぐらいの大きめのものを使うのがポイント。小さなサイズより無くしにくく、旅のスケジュールメモなども入れておくと便利だ。

今や必携のICカード乗車券

サービスエリアの越境に要注意

今や「Ｓｕｉｃａ」「ＰＡＳＭＯ」などＩＣカード乗車券は鉄道利用者にとって身近で欠かせない存在だ。自動改札機にタッチするだけで通過でき、下車時も自動改札機にタッチするだけで自動精算してくれ、利便性はこの上ない。各カードの共通化も進み、今ではどのカードも全国のＩＣマークのある鉄道やバスで利用することができるのだ。

ＩＣ（集積回路）チップを組み込んだカードが実用化されたのは、20世紀末に銀行のキャッシュカード、クレジットカードあたりからだ。ＩＣカードは以前の磁気カードに比べてカード内に記録できる情報量が大きく、セキュリティーがぐんと向上している。さらにその特性を活かして、より付加価値の高い使い方もできるようになったのだ。

交通運輸面での活用も期待され、2000（平成12）年には交通事業者向けのICカード規格が定められた。そして翌年からJR東日本の首都圏で「Suica」サービスが始まった。すでにICカード乗車券を導入していた交通事業者もあったが、これが初の本格導入例といえるだろう。その後、交通事業者独自あるいは各社共通のICカード乗車券が次々と開発されていく。そうしたなか、共通規格を活かした相互利用も検討され、07（平成19）年には「Suica」と首都圏公民鉄各社の「PASMO」で相互利用が開始。13（平成25）年には全国的な相互利用サービスも始まった。

一般的な利用のなかで注意点をおさらいしておこう。

●途中下車はできない

ICカード乗車券は、途中下車の扱いはなく、入出場のつど運賃が精算される。

●入場券としては使用できない（JR東日本の特定地域を除く）

ICカード乗車券は、基本的に「乗車券」として使用、「入場券」として利用することはできない。ただし、ＪＲ東日本の首都圏・新潟・仙台では２０２１年からＩＣ入場サービス「タッチでエキナカ」も開始している。

●無人駅では簡易ＩＣ改札機にタッチ

無人駅などではタッチパネルだけの簡易ＩＣ改札機を用意しているところもある。入出場時はこのタッチパネルにタッチする。

簡易 IC 改札機

●サービスエリアを越えて利用することはできない

例えばＪＲ東日本の場合、首都圏・仙台・新潟と３つのエリアでＩＣカード乗車券のサービスを行なっている。２０２２（令和４）年現在、東北本線は首都圏エリアが黒磯駅まで、仙台エリアは矢吹駅からとなっている。この間の黒磯〜矢吹間でＩＣカード乗車券を使うことはできず、ここでは普通の乗車券が必要だ。

また、東海道本線では熱海駅までが「Ｓｕｉｃａ」エリア、同駅からＪＲ東海の「Ｔ

ＯＩＣＡ」エリアとなっている。ただし両エリアを跨いでＩＣカード乗車券を使うことはできず、やはり普通の乗車券が必要となる。首都圏から「ＴＯＩＣＡ」エリアの沼津駅などに直通する電車もあるので要注意。

ただし、ＩＣ定期券の場合、別の鉄道会社と通して購入できる区間もある。

●ＩＣ運賃ときっぷの運賃は違う

当初、ＩＣ運賃はきっぷ運賃と同じだったが、14（平成26）年4月1日の消費税率改定時から消費税の正確な転嫁を目的としてＪＲ東日本や首都圏の多くの鉄道事業者がきっぷ運賃とは別の1円単位で算出するＩＣ運賃を導入した。おおむねＩＣ運賃のほうが安いが、きっぷ運賃の方が安くなるケースもある。

●ほかのＩＣカードと重ねて使わない

ＩＣカード乗車券は、財布に入れたままでもおおむね自動改札機を通過できるが、財布のなかにキャッシュカードやクレジットカードなど、ほかのＩＣカードが入っているとエラーしてしまうことがある。

ICカード乗車券でお得きっぷ

一日乗車券や専用お得きっぷも登場

「Ｓｕｉｃａ」「ＰＡＳＭＯ」などＩＣカード乗車券を一日乗車券のようなお得きっぷとして使うサービスも始まっている。

●東京都交通局

都電荒川線に一日乗り放題となる「都電ＩＣ一日乗車券」（おとな４００円）、23区内の都バスに一日乗り放題となる「都バスＩＣ一日乗車券」（おとな５００円）がある。これは「ＰＡＳＭＯ」や「Ｓｕｉｃａ」（モバイルＳｕｉｃａも含む）などのＩＣカード乗車券に一日乗車券の情報を記録させて使うものだ。

都電荒川線や都バスにその日最初に乗るとき、運転士あるいは改札口で一日乗車券として使いたいことを伝えて自分のＩＣカード乗車券を差し出せばいい。これで以後は一日乗車券として使える。

なお、チャージ残高が不足する場合は利用できないので、あらかじめ所定額までチャージしておくこと。ちなみに「都電ＩＣ一日乗車券」や「都バスＩＣ一日乗車券」はこども用（共におとなの半額）もあるが、これは「小児用ＰＡＳＭＯ」などこども用のＩＣカード乗車券のみに限られている。

使い勝手は通常の「都電一日乗車券」などと同じだが、こちらに用意されている「ちかとく」などの特典は付かない。また、同じＩＣカード乗車券に別の一日乗車券情報を併記して使うことはできない。この場合、先に購入していた一日乗車券情報は消去され、復元できないので注意すること。

●東京メトロ

東京メトロ全線に購入時刻から24時間乗り放題となる「東京メトロ24時間券ＩＣ」（おとな６００円）、都営地下鉄にも乗れる「東京メトロ・都営地下鉄共通一日乗車券ＩＣ」

（おとな９００円）がある。

こちらは「ＰＡＳＭＯ」限定（現在のところ「Ｓｕｉｃａ」などほかのＩＣカード乗車券は使用できない）。さらに定期券として使用している「ＰＡＳＭＯ」、クレジットカードと一体になった「ＰＡＳＭＯ」では利用できない。こども用（共におとなの半額）も用意されているが、「小児用ＰＡＳＭＯ」に限られ、定期券使用時は利用できない。

大人　　小児

東京メトロ 24 時間券
（IC カードは PASMO 限定。Suica などは使えない）

利用時は各駅のピンク色の券売機や定期券うりばで手持ちの「ＰＡＳＭＯ」に24時間券など情報を記録させる。カード面には「24時間券乗車券」の文字や使用日が記される。この文字は後日窓口に持ち込めば消去され、新たに購入しても訂正される。

●ＪＲ東日本

２０１９（令和元）年9月1日からサービスが開始され、通年利用の「都区内パス」（おとな７６０円）、「東京フリーきっぷ」（おとな1600円)、「ヨコハマ・みなとみらいパス」(おとな530円)、のほか、ICカード専用で土休日中心に使える「のんびりホリデーSuicaパス」(おとな2670円)などが発売されている。

当初は「Suica」カード限定で始まったが、現在は「モバイルSuica」(Suica定期券情報が搭載されている場合を除く)や「MySuica」などでも利用できるようにサービス拡大している。ただし、こども用の設定がないきっぷもあるので、家族などでの利用は要注意。

利用方法は、「Suica」カードの場合、希望するおトクなきっぷのフリーエリア内の自動券売機、多機能券売機、指定席券売機で「おトクなきっぷ」にタッチ、きっぷを選択したらカードを入れて購入。「モバイルSuica」の場合はアプリで購入する。

なお、「のんびりホリデーSuicaパス」は、現行のきっぷスタイルで発売されている「休日おでかけパス」(おとな2720円)とほぼ同一エリア(「のんびりホリデーSuicaパス」の場合、久留里線がエリア外)で利用でき、価格は50円安い設定だ。

ＪＲや私鉄のお得きっぷ

お得きっぷの活用で旅を組み立ててみよう

ＪＲや私鉄各社では、いろいろなお得きっぷを発売している。ポピュラーなのは全線あるいは一定区間を一日乗り放題とした「一日乗車券」だ。地下鉄や路面電車など都市部の鉄道をはじめ、地方私鉄などで設定しているところも多い。発売や利用期間を通年としたものが多いが、年末年始などは使えないと制約を付けたもの、逆に土曜・休日や年末年始のみ利用可としたものもある。さらに特定の期間だけ発売・利用できるものもあり、時刻表や各駅の案内に目を光らせておこう。

お得きっぷを利用するときは、利用条件をよく確認すること。特急券を別途用意すれば特急利用もできる普通乗車券と同等の普通列車限定のきっぷもある。

おすすめ「フリーきっぷ」の例　このほかにも各種あるので時刻表などでリサーチしてみよう!!

きっぷの名称	フリーエリア	おもな発駅	価格	利用期間	有効期間	特徴
北海道フリーパス	JR 北海道全線ほか	フリーエリア内の駅ほか	27,430 円（こども同額）	通年★	7 日間	特急の普通車指定席は6 回まで、自由席は有効期間中乗り放題。
仙台まるごとパス	仙台を中心とするJR 線ほか	フリーエリア内の駅ほか	2,720 円（こども 1,350 円）	通年	2 日間	乗車券に相当。仙台市営地下鉄、るーぷる仙台、仙台市営バスなども利用可。
休日おでかけパス	東京近郊の JR 線ほか	フリーエリア内の駅ほか	2,720 円（こども 1,360 円）	土曜・休日ほか	1 日間	乗車券に相当。7 月 20 日～8 月 31 日など曜日に関わらず使える期間も設定。
都区内パス	東京都区内の JR 線	フリーエリア内の駅ほか	760 円（こども 380 円）	通年	1 日間	乗車券に相当。
東京フリーきっぷ	東京都区内の JR 線&地下鉄、都バスほか	フリーエリア内の駅ほか	1,600 円（こども 800 円）	通年	1 日間	乗車券に相当。
JR 東海& 16 私鉄　乗り鉄☆たびきっぷ	JR 東海全線&エリア内 16 私鉄	フリーエリア内の駅ほか	8,620 円（こども 4,040 円）	土曜・休日★	2 日間	乗車券に相当。新幹線も「ひかり」「こだま」4 回まで乗車券として利用可能。
休日乗り放題きっぷ	熱海～豊橋間ほかの JR 線	フリーエリア内の駅ほか	2,720 円（こども 1,360 円）	土曜・休日ほか	1 日間	乗車券に相当。
富士山満喫きっぷ	熱海～静岡間ほかの JR 線やバス、フェリーなど	フリーエリア内の駅ほか	3,120 円（こども 1,560 円）	通年	1 日間	乗車券に相当。
四国グリーン紀行	JR 四国全線ほか	JR 四国のおもな駅ほか	23,000 円（こども同額）	通年	4 日間	特急のグリーン車指定席に乗り放題。
四国フリーきっぷ	JR 四国全線ほか	JR 四国のおもな駅ほか	18,000 円（こども 9,00 円）	通年	3 日間	特急の普通車自由席に乗り放題。
週末乗り放題きっぷ	JR 四国全線ほか	JR 四国のおもな駅ほか	12,000 円（こども 6,000 円）	土曜・休日ほか	1 日間	特急の普通車自由席に乗り放題。
四国再発見早トクきっぷ	JR 四国全線ほか	JR 四国のおもな駅ほか	2,400 円（こども 1,200 円）	土曜・休日	1 日間	特急は利用不可。
ことでん・JR くるり～んきっぷ	高松～多度津・志度間の JR 線&ことでん	JR 四国のおもな駅ほか	2,200 円（こども 1,000 円）	通年	1 日間	乗車券に相当。
四万十・宇和海フリーきっぷ	窪川～宇和島間&若井～宿毛間など	JR 四国のおもな駅ほか	4,100 円（こども 2,050 円）	通年	4 日間	乗車券に相当。高知→松山または松山→高知の片道きっぷとセット版もある。
ぐるっと九州きっぷ	JR 九州全線	JR 九州のおもな駅ほか	15,800 円（こども 7,900 円）	通年		乗車券に相当。
まるごと日光・鬼怒川　東武フリーパス	下今市～東武日光・湯西川温泉間ほか周辺バスなど	東武のおもな駅など	浅草 6,320 円（こども 3,180 円）	通年	4 日間	乗車券に相当。価格は発駅によって異なる。12 ～ 3 月は格安設定。
箱根フリーパス	小田原～強羅間の箱根登山鉄道やバス、遊覧船など	小田急のおもな駅など	新宿 6,100 円（こども 1,100 円）	通年	2 日間	乗車券に相当。価格は発駅によって異なる。3 日間用もある。
高野山・世界遺産きっぷ	南海りんかんバスの高野山内バス全線	南海のおもな駅など	難波 3,540 円（こども 1,780 円）	通年	2 日間	乗車券に相当。
海の京都　天橋立・伊根フリーパス 1Day	京都丹後鉄道全線&沿線バスや遊覧船など	京都丹後鉄道のおもな駅など	3,550 円（こども 1,780 円）	通年	1 日間	乗車券に相当。2 日間用もある。

●価格、有効期間などは、おもな発駅として紹介した駅発着のものを表記。利用期間に★印のあるものは年末年始など使えない期間があるもの。2024 年 11 月現在の情報です。利用の際はご確認ください。

お得きっぷの王道「青春18きっぷ」

18歳以上でもOK　利用者の年齢制限はない!!

ＪＲのお得きっぷといえば、春休み・夏休み・冬休みの期間限定で発売される「青春18きっぷ」が有名だ。これはＪＲの前身となる国鉄時代から毎年発売されているロングセラーきっぷだ。名前に「青春18」とあるが、利用者の年齢制限はない。もちろん、シニア世代でも利用できる。一方、こどもも同額だ。

「青春18きっぷ」を一言でいうと、**ＪＲ全線**（ＢＲＴを含む。ただしＪＲバスは除く）**の普通・快速列車とＪＲ西日本宮島フェリーに1日乗り放題となるきっぷ**だ。

利用できるクラスは普通車自由席だけ。ただし、一部の普通・快速列車の普通車指定席は座席指定券やライナー券などを用意すれば利用可能だ。また、首都圏の普通・快速列車に連結されているグリーン車自由席もグリーン料金を支払えば乗車できる（Ｓｕｉｃａグリーン券でもＯＫ）。ただし、瀬戸大橋線の快速「マリンライナー」などに連結されているグリーン車指定席の場合、「青春18きっぷ」では乗車できない。

列車区分は普通・快速列車だけとなっているが、例外的に特急が利用できる区間もある。また、ＪＲから第三セクター化された路線の場合、通過のみ認めている、あるいは「青春18きっぷ」利用者が使える格安きっぷを用意しているところもある。このほか、北海道新幹線には「青春18きっぷ北海道新幹線オプション券」が用意されているので、これを使えば本州〜北海道の移動も可能だ。

「青春18きっぷ」は２０２４（令和６）年末発売分からルールが多少変わり、３日間用と5日間用になった。価格は3日間用が1万円、５日間用が1万２０５０円で、おとなもこども同額だ。なお、５日間用の価格は従来のきっぷ（５回分）と同額だが、利用は1日ごとではなく利用開始日から連続した3日間、５日間となった。また、複数人での利用もできなくなった。

1回分の有効時間は午前0時からその日の深夜24時まで。ただし、東京・大阪近郊の電車特定区間内では終電車まで有効となる。また、24時を跨いで運行する列車の場合、24時を過ぎて最初に停車する駅まで有効だ。このような使用上の細かいルールは、「青春18きっぷ」購入時に付属発券されるガイドに記載されているので、一読しておきたい。

「青春18きっぷ」を使う旅

まず、「青春18きっぷ」で損をしないためにはどのぐらい利用すればいいのだろうか？

5日間用を日割りの5で割れば、1日分2370円。本州3社の幹線運賃で見れば121～140キロは2310円、その上の141～160キロは2640円となり、とりあえず**141キロ以上乗車すれば元が取れることになる**。

また、出発地に戻る日帰りで楽しむケースもあるだろう。この場合、61～70キロは1170円、往復で2340円。71～80キロは1340円、往復で2680円となり、**往復なら71キロ以上乗車すれば元が取れることになる**。

これを東海道本線で見てみると、東京駅発で日帰りなら二宮駅まで往復、片道では吉原駅まで行けば損益分岐点を超えたことになる。

なお、3日間用では1日分3334円。片道なら181キロ以上、往復なら91キロ以上の乗車が必要となる。

以前の「青春18きっぷ」は日にちを分けての利用も可能だったが、新しいルールでは連続した3日間ないしは5日間となった。自宅から毎日違う方面に日帰りする手もあるが、やはり旅先で宿をとる周遊の旅が良さそうだ。また、緻密な計画は立てず、行き当たりばったりの気ままな旅も「青春18きっぷ」ならではと思う。例えば、東京～吉原間なら普通列車で3時間余り。1日の行動を8時間とすれば、5時間ほど寄り道ができる計算だ。この範囲で途中下車を繰り返していくなんて遊びもできる。

新ルールで制約が増えたと考えず、新版「青春18きっぷ」で新しい旅のスタイルを模索してみたい。

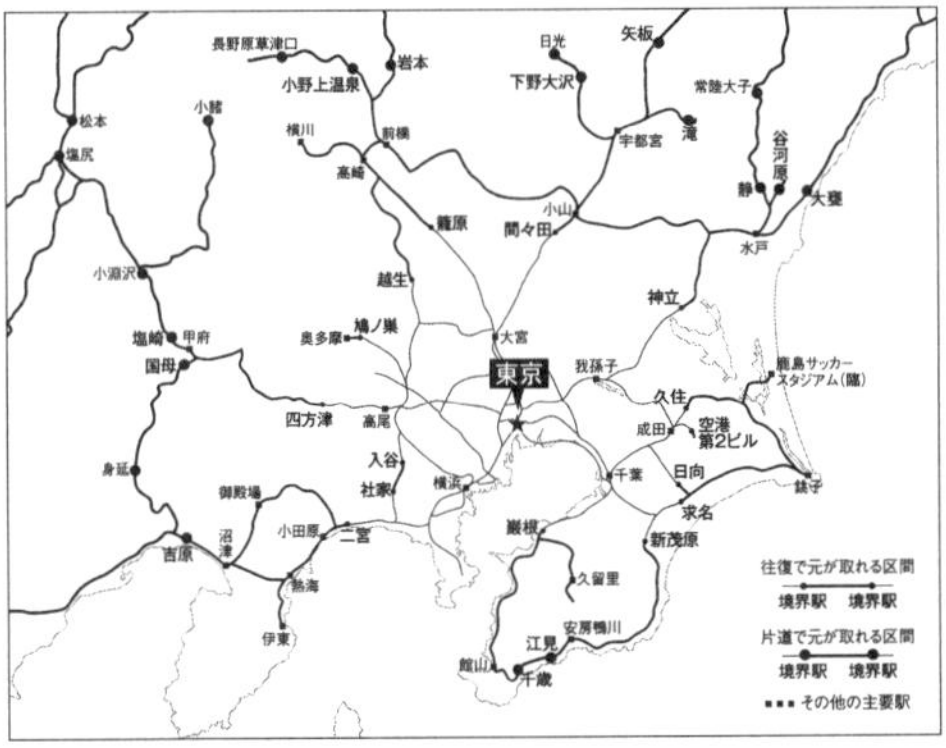

松本典久
おすすめ

旅が楽しい都会路線 BEST 3

●都電荒川線●

早稲田～三ノ輪橋間を結ぶ 12. 2キロの路面電車。全線を通じて生活感にあふれ、往年の「都電」の情緒が残っている。一日乗車券を使い、途中下車も楽しんでみたい。アクセスは山手線大塚駅、京浜東北線王子駅からが便利だが、このほか京成や地下鉄副都心線、有楽町線、三田線、南北線、千代田線、日比谷線などと乗り継げる電停もある。

●ＪＲ大阪環状線●

大阪駅を起点に大阪中心部をめぐる環状線。営業キロは 21. 7キロ。首都圏の山手線と異なり、周回する電車だけなく、途中駅から分岐する桜島線、阪和線、関西本線などに直通する電車も走っている。いろいろな電車の乗り比べも楽しいが、個性あふれる街に触れられる途中下車も魅力的だ。なお、明治時代に城東線および西成線として東側の天王寺～大阪～西九条間が完成しているが、西九条～天王寺間が完成して環状になったのは1961（昭和 36）年と比較的新しい。この構造的な違いを探るのも興味深い。

●阪堺電気軌道●

大阪南部、阪堺線（恵美須町～浜寺町間）および上町線（天王寺駅前～住吉間）計18. 5キロの路線を持つ路面電車。この路線も全線を通じて生活感にあふれ、乗車・途中下車とも楽しい。「全線1日フリー乗車券 てくてくきっぷ」の利用がお得だ。

第3章

シニア世代向け
鉄道旅をより快適にするアドバイス

快適アドバイス 01

いまさら聞けない「きっぷ」の買い方

「みどりの窓口」が激減、多機能化した券売機が頼りとなった

ＪＲの指定券や長距離きっぷの購入といえば、まず「みどりの窓口」が思い浮かぶ。国鉄時代の１９６５（昭和40）年、指定券のコンピュータ管理（マルスシステム）の開発と共に全国主要駅に設置された。60歳以上の読者ともなれば、慣れ親しんだ駅の窓口に違いない。「みどりの窓口」は国鉄からＪＲに引き継がれたが、インターネットやスマートフォンで指定席券を予約、さらにチケットレス化などの発展で２０１０年代ごろから業務の縮小が進んでいる。近年では窓口の閉鎖も相次ぎ、ＪＲ東海では「みどりの窓口」の呼称を「きっぷうりば」に変更、国鉄時代から続いたロゴマークも消えてしまった。

替わりに全国のＪＲ駅に設置が進んでいるのは「指定席券売機」などと呼ばれる多機

能型の券売機だ。指定席や自由席のきっぷが買えるのはもちろんのこと、インターネットなどで申し込んだきっぷを受け取ること、列車の変更やきっぷの払い戻しもできる。さらにさまざまなフリーきっぷ、「青春18きっぷ」や「大人の休日倶楽部パス」などの企画きっぷなどの購入もこの券売機が対応してくれるのだ。多彩な機能があるため、操作に戸惑うこともあるが、近年はオペレーターとの通話機能付き券売機も増えてきた。

これらの券売機の設置駅は各社のホームページやアプリなどで紹介されているのが、各社によって名称が異なるので要注意。各社でより親しみやすい名称を考案したのだろうが、慣れないと旅先で戸惑ってしまう。

なお、どうしても対面できっぷを買いたい方は、ＪＲきっぷを取り扱う旅行会社を使うことも考えられる。旅行会社の場合、手数料が加算されることもあるが、安心感がある。

●みどりの窓口

会社名	名称
JR 北海道	みどりの窓口
JR 東日本	みどりの窓口
JR 東海	きっぷうりば
JR 西日本	みどりの窓口
JR 四国	みどりの窓口
JR 九州	みどりの窓口

●指定券を買える券売機

会社名	券売機名
JR 北海道	指定席券売機
JR 東日本	指定席券売機
JR 東海	指定席券売機
JR 西日本	みどりの券売機
JR 四国	指定席券売機
JR 九州	指定席券売機

●オペレーターとの通話機能付き券売機

会社名	券売機名
JR 北海道	話せる券売機
JR 東日本	話せる指定席券売機
JR 東海	サポートつき指定席券売機
JR 西日本	みどりの券売機プラス
JR 四国	みどりの券売機プラス
JR 九州	ど〜ぞ

「指定席券売機」でできること

ＪＲ各社の主要駅に設置された「指定席券売機」

ＪＲ主要駅の「みどりの窓口」閉鎖の代替えとして「指定席券売機」（ＪＲ西日本では「みどりの券売機」）の設置が急速に進んでいる。

「指定席券売機」ではその名の通り、指定席券はもちろんのこと、自由席用の特急券や乗車券も購入できる。さらにおトクなきっぷも取り扱っている。ＪＲ東日本・ＪＲ北海道エリアでは人気のある「大人の休日倶楽部パス」も購入できるし、このきっぷに合わせた指定席券の発券もできるのだ。また、「えきねっと」「ｅ５４８９」「ＥＸサービス」などのインターネットで予約したきっぷの受け取りもできる（一部制約のある券売機もある）。

さらに２０２４年４月からは、きっぷの払い戻しもできるようになった。クレジットカードで購入したきっぷは、購入時に使用したクレジットカードおよび暗証番号が必要といった制約もあるが、これは従来の有人精算窓口でも同じ扱いだった。

また、60歳以上の鉄道旅行にはあまり関係ないが、定期券類の購入や学割の取り扱いもできるようになっている。とにかく購入できる券種が多く、付帯するサービスも拡大されているのだ。

この「指定席券売機」は、以前「みどりの窓口」がなかった駅へも設置が拡大されており、その点からするとサービス拡大と考えてもよさそうだ。

一方、できることが多彩なため、その分、操作が複雑になり、敬遠する向きが多いのも事実だろう。

●指定席券売機でできること（JR東日本の場合、鉄道旅行でよく使うサービス例を抜粋）

できること		指定席券売機	話せる指定席券売機
きっぷの購入	乗車券	○	○
	特急券（新幹線・在来線）	○	○
	普通列車グリーン券	○	○
	寝台券・個室券	○	○
	乗り換え案内から購入	○	○
おトクなきっぷの購入	「休日おでかけパス」など	○	○
	「大人の休日倶楽部パス」など大人の休日倶楽部割引乗車券類	○	○
	ジパング倶楽部割引乗車券類	×＊1	△＊2
	株主優待割引	○	△＊3
きっぷの変更	乗車券・特急券など	○	○
きっぷの払い戻し	乗車券・特急券など	○＊4	○＊4
インターネット予約きっぷの受け取り		○	○

＊1：ジパング倶楽部割引乗車券類はJRの主な駅のみどりの窓口、旅行センター、主な旅行会社の窓口などで取り扱い。＊2：写真を貼付した会員手帳あるいは顔写真付き公的証明書の提示・所持が必要。＊3オペレーター対応はできないが、自分自身の操作で発売可能。＊4：クレジットカードで購入したきっぷは、購入時に使用したクレジットカードが必要

「指定席券売機」を使いこなす

同じＪＲの「指定席券売機」でも各社の個性が出ている

ＪＲの「指定席券売機」（ＪＲ西日本では「みどりの券売機」）や「オペレーターとの通話機能付きの券売機」は、基本的な機能や操作としては各社共通になっている。しかし、メニュー画面などは各社の実情に合わせて異なり、また新しいサービスの付加などによって随時変わっている。参考までに２０２４年11月現在、各社の公式サイトなどで紹介されている画面を並べてみると、その微妙な違いに気付くだろう。

例えば「指定席券売機」では、乗車区間や日時から列車を検索してきっぷを購入することもできるが、そのサービスを示す名称も各社で異なるのだ。微妙な違いで意味は分かるものの、慣れないうちは戸惑ってしまうかも知れない。

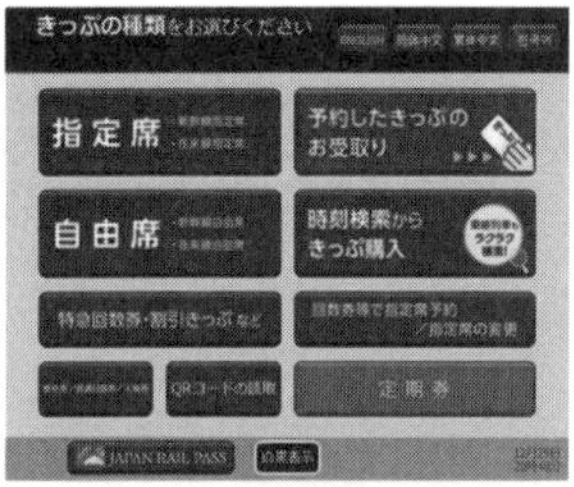

JR 西日本

JR 北海道

JR 四国

JR 東日本

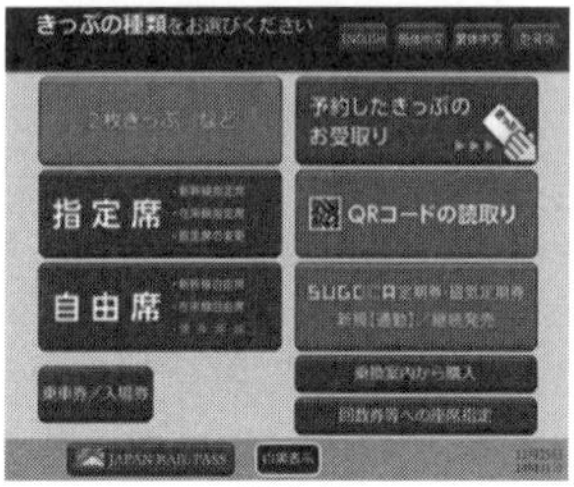

JR 九州

JR 東海

各社で異なるサービス名称の例（区間・日時から列車を検索する時）

会社名	名称
JR 北海道	時刻検索からきっぷ購入
JR 東日本	乗換案内から購入
JR 東海	のりかえ案内からきっぷを購入
JR 西日本	時刻検索からきっぷ購入
JR 四国	時刻検索からきっぷ購入
JR 九州	乗換案内から購入

JR東日本「指定席券売機」操作例（乗換案内から購入）

①メニュー画面から「乗換案内から購入」を選択

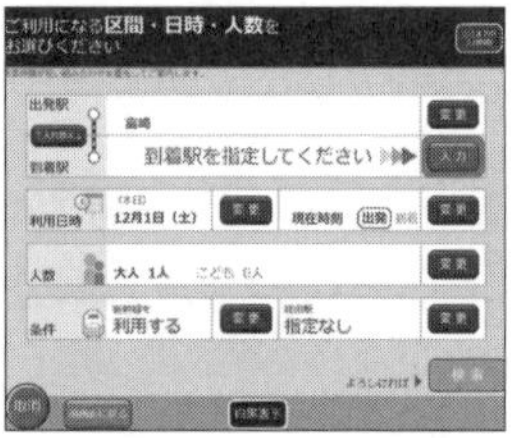

②乗車駅は券売機設置駅で表示される。変更も可能。到着駅の「入力」を押す

③到着駅名をかなで入力。一部入力でも候補が出る。右下の「表示」を押す

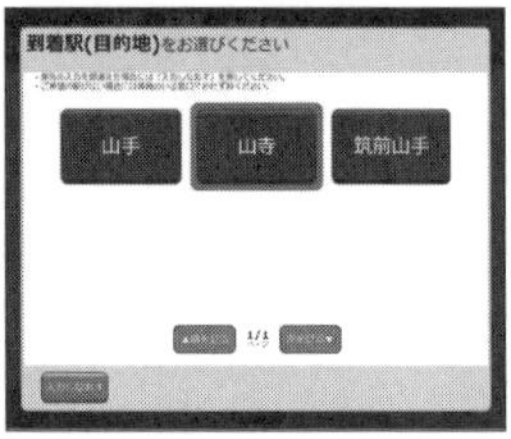

④到着駅を選択

⑤利用日時、人数、条件、経由地など確認して右下の「検索」を押す

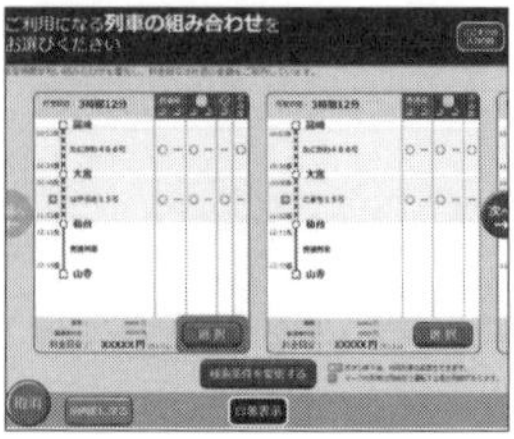

⑥列車の組み合わせを選択。「選択」を押せば決定

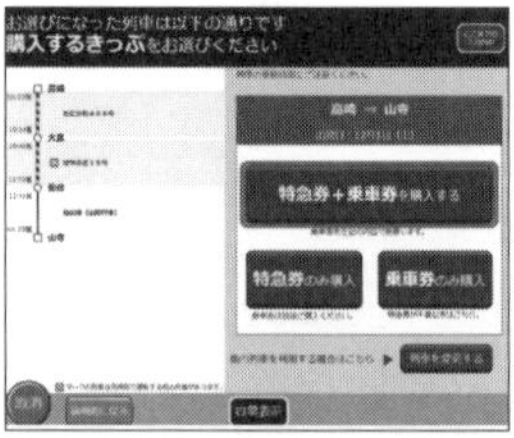

⑦購入するきっぷを「特急券＋乗車券」「特急券のみ」「乗車券のみ」から選択

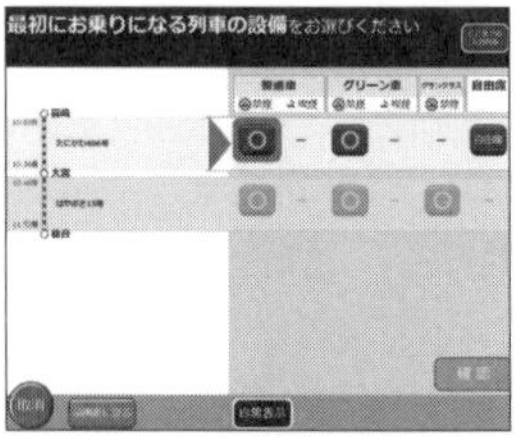

⑧利用する列車設備を選択。右下の「確認」を押せば決定

⑨選択した列車の設備を確認。右下の「確認」を押す

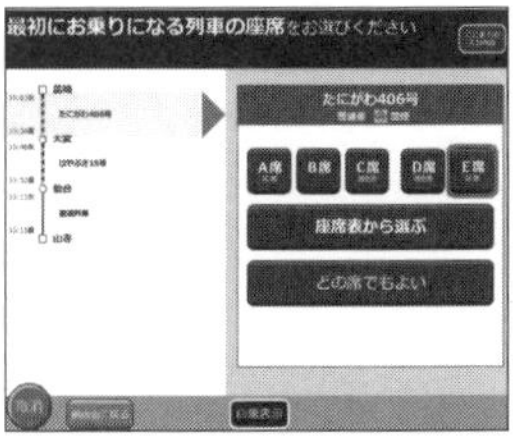

⑩先に乗る列車の希望の座席を選択。A席やE席といった指定のほか、座席表による指定も可能

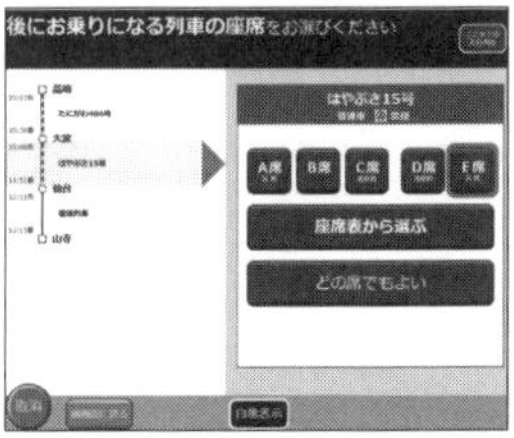

⑪次に乗る列車の希望の座席を選択。座席表を表示すると混雑状況も確認できる

⑫乗車券を「片道乗車券」か「往復乗車券」かを選択

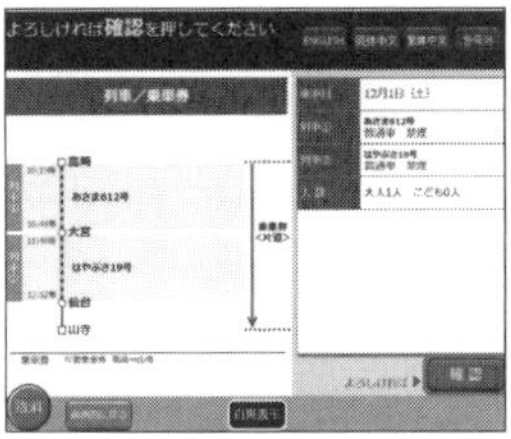

⑬選択した内容を確認。OKなら右下の「確認」を押す

⑭現金またはカード（クレジットカード、ICカード乗車券）で支払う。カード専用の券売機もある

「指定席券売機」で大都市近郊区間途中下車きっぷを発券

070～073ページで新幹線経由とすれば大都市近郊区間でも途中下車ができると紹介したが、そのきっぷを「指定席券売機」でも購入することが可能だ。本ページで紹介した「乗換案内から購入」を選択、⑥で新幹線利用の列車を選択する。次の⑦で購入するきっぷを「乗車券のみ」とすれば、乗車券は新幹線経由で発券され、大都市近郊区間でも途中下車ができる乗車券となる。

鉄道もチケットレス時代

チケットレスなら特急料金の割引も!!

ＪＲのチケットレス乗車は新幹線から始まったが、今では在来線特急や私鉄特急などでもチケットレスサービスが行われている。サービス内容は各社によって異なるが、価格はおおむね通常の特急料金よりリーズナブルな設定となっている。いずれも事前登録が必要となるが、初めて出向くＪＲエリアへの鉄道旅行でも活用を検討してみたい。

●ＪＲ東日本／在来線チケットレス特急券サービス

・「えきねっと」への会員登録が必要。登録・年会費無料。

・予約や変更はパソコン「えきねっと」、スマートフォン「えきねっとチケットレスアプリ」で行う。

・２０２４年11月現在、「あずさ」「ひたち」「踊り子」「草津・四万」「しおさい」「成田エクスプレス」など首都圏発着の全特急、「スーパーつがる」「つがる」が対象。
・乗車券は別途必要だが、乗車券だけでそのまま特急に乗れる。駅係員または車掌より特急券の提示を求められた場合は、「えきねっと」にログインし、購入履歴を提示。

●ＪＲ東日本／えきねっとＱチケ

・２０２４年10月から東北エリアで始まった新サービス。
・スマートフォン「えきねっとチケットレスアプリ」を使い、ＱＲチケットを表示させて乗車するシステム。基本は乗車券だが、東北（郡山〜新青森間）・秋田・山形新幹線、「ひたち」（いわき〜仙台間）・「スーパーつがる」「つがる」などの特急利用設定もできる。

●ＪＲ北海道／在来線チケットレス特急券サービス

・サービス内容はＪＲ東日本と同じ。
・２０２４年11月現在「カムイ」「ライラック」が対象。特急料金は通常と同額。

●ＪＲ東海／スマートＥＸ

・手持ちの交通系ICカードとクレジットカードを会員登録。登録・年会費無料。
・予約や変更はパソコン「スマートEX」、スマートフォン「スマートEXアプリ」から。
・2024年11月現在、東海道・山陽・九州新幹線（東京〜鹿児島中央間）の全列車が対象。在来線特急は対象外。特急料金は通常よりややリーズナブル。
・乗車時は交通系ICカードでそのまま列車に乗れる。

●JR西日本・JR四国／チケットレス特急券

・「e5489」への会員登録が必要。登録・年会費無料。
・予約や変更はインターネット「e5489」、スマートフォン「WESTER」で行う。
・2024年10月現在、JR西日本およびJR四国の主な特急。特急料金は通常よりややリーズナブル。
・乗車券は別途必要。乗車券でそのまま列車に乗れる。駅係員または車掌より特急券の提示を求められた場合は、「e5489」にログインし、購入履歴を提示。

●JR西日本・JR四国／eチケットレス特急券

・「WESTER」への会員登録が必要。登録・年会費無料。
・「J-WESTネット」会員登録だった人は「WESTER」へ移行登録する。
・サービス内容は「e5489」からの「チケットレス特急券」と同じだが、価格設定がよりリーズナブルで、グリーン車などの扱いもある。

●JR九州／QRチケットレス

・2024年9月から始まった新サービス。
・「JR九州Web会員」への登録が必要。登録・年会費無料。
・予約や変更はパソコン「JR九州インターネット列車予約」、スマートフォン「JR九州アプリ」から行う。
・2024年11月現在、博多駅を発着する「ソニック」「リレーかもめ」「ゆふいんの森」などの特急（「かいおう」は除く）および西九州新幹線「かもめ」。
・きっぷは乗車券と特急券がセット。利用時はスマートフォンにQRチケットを表示、乗車・降車の際、自動改札機やQRリーダーにQRチケットにかざして使う。

新幹線利用には必携便利サービス

「スマートEX」や「タッチでGo！新幹線」まで

東海道・山陽・九州新幹線のEXサービスでは2023年10月から「1年前予約」の新サービスも始まった

ＪＲのチケットレス乗車は新幹線から始まった。スマートフォンなどで座席を予約、チケットレスで乗車、しかも通常の新幹線特急券よりリーズナブルとなる。さらに通常は1回しかできない乗車変更が発車前で何度でも手数料無料でできるのもうれしい。

なお、「モバイルＳｕｉｃａ特急券」のサービスは２０２０年に終了となった。

●スマートＥＸ（東海道・山陽・九州新幹線）

・手持ちの交通系ＩＣカードとクレジットカードを登録する。登録・年会費無料。

・予約や変更はスマートフォンまたはパソコンで行う。発車４分前まで変更可能。

・乗車は登録した交通系ＩＣカードを使う。

・交通系ICカード登録で家族などのグループ利用もできる。

・「スマートEX」は乗車券と特急券の効力が一体となった特別企画乗車券で、指定席利用なら乗車券と特急券を通常購入するよりリーズナブル。ただし、発着は新幹線駅限定で、東京都区内・大阪市内といった特定都区市内制度は適応されない。例えば新宿駅から東京駅発着列車を利用する場合、新宿〜東京間の乗車券が別途必要になる。

●エクスプレス予約（EX予約）（東海道・山陽・九州新幹線）

・「JR東海エクスプレス・カード」「J―WESTカード（エクスプレス）」「JQ CARD」クレジットカードが必要。いずれも年会費1100円（税別）がかかる。

・予約や変更はスマートフォンまたはパソコンで行う。発車4分前まで変更可能。

・乗車は入会時に発行された「EX―ICカード」を使う（チケットレス）。

・交通系ICカード登録で家族などのグループ利用もできる。

・きっぷとして発券することも可能。グループ分の発券もできる。

・「エクスプレス予約」では乗車券と特急券の効力が一体となった特別企画乗車券の

ほか、特急券だけの「e特急券」とすることも可能。東京都区内・大阪市内といった特定都区市内制度、あるいは乗車券の一部区間で新幹線を利用するときなどに活用できる。

●QRチケレス（西九州新幹線）

・2024年9月から始まった新サービス。

・「JR九州Web会員」への登録が必要。登録・年会費無料。

・予約や変更はパソコン「JR九州インターネット列車予約」、スマートフォン「JR九州アプリ」から行う。

・2024年10月現在、西九州新幹線「かもめ」のほか、博多駅を発着する「ソニック」「リレーかもめ」「ゆふいんの森」などの特急の一部にも対応。

・きっぷは乗車券と特急券がセット。利用時はスマートフォンにQRチケットを表示、乗車・降車の際、自動改札機やQRリーダーにQRチケットにかざして使う。

●新幹線eチケット（北海道・東北・秋田・山形・上越・北陸新幹線）

・「えきねっと」または「e5489」に会員登録、クレジットカードや手持ちの交通系ＩＣカードの情報も必要。登録・年会費無料。
・予約や変更はスマートフォンまたはパソコンで行う。発車６分前まで変更可能。
・乗車は登録した交通系ＩＣカードを使う。
・交通系ＩＣカード登録で家族などのグループ利用もできる。
・「新幹線ｅチケット」は乗車券と特急券の効力が一体となった特別企画乗車券で、指定席利用なら乗車券と特急券を通常購入するよりリーズナブル。ただし、発着は新幹線駅限定で、東京都区内・大阪市内といった特定都区市内制度は適応されない。

●えきねっとＱチケ（東北〈郡山駅以北〉・秋田・山形新幹線）

・２０２４年10月から東北エリアの新幹線・在来線・ＢＲＴで始まった「ＱＲ乗車」サービス。現在、郡山以北の東北・秋田・山形新幹線のほか、在来線特急「スーパーつがる」「つがる」などでも利用できる。サービスエリアは今後、拡大されていく見込み。
・スマートフォンに「えきねっとチケットレスアプリ」が必要。「えきねっと」にクレジットカード情報などを含む会員登録が必要。登録・年会費無料。

・予約や変更は「えきねっとチケットレスアプリ」または「えきねっとWebサイト」から行う。
・スマートフォンの「えきねっとチケットレスアプリ」に表示されるQRチケットを乗車・下車時に自動改札機のQRリーダーにかざして使う。サービスエリア内なら在来線改札口・新幹線改札口もシームレス。

●【自由席専用】タッチでGo！新幹線（東北新幹線など）

・手持ちの交通系ICカードをJR東日本の駅（Suicaエリア内の駅または新幹線停車駅）の自動券売機などで「タッチでGo！新幹線」利用に登録。「モバイルSuica」の場合、アプリ内で登録する。登録・年会費無料。
・乗車は交通系ICカードで行う。新幹線の自動改札機にタッチするだけでOK。
・利用できるのは、東北・秋田・山形・上越新幹線（ガーラ湯沢も含む）のほか、北陸新幹線上越妙高駅までの新幹線停車駅相互間の自由席のみ。
・全車指定席の「はやぶさ」「はやて」「かがやき」「こまち」「つばさ」は利用できないが、

一部区間で普通車指定席車両の空席を利用できる特例もある。

東海道・山陽・九州新幹線の価格

乗車区間	きっぷの種類	閑散期	通常期	繁忙期	最繁忙期
東京～新大阪	通常のきっぷ	14,520円	14,720円	14,920円	15,120円
	スマートEX	14,320円	14,520円	14,720円	14,920円
	EX予約	14,030円	14,230円	14,430円	14,630円
東京～博多	通常のきっぷ	23,610円	23,810円	24,010円	24,210円
	通常のきっぷ（往復割引の片道）	22,200円	22,400円	22,600円	22,800円
	スマートEX	23,410円	23,610円	23,810円	24,010円
	スマートEX（往復割引の片道）	22,000円	22,200円	22,400円	22,600円
	EX予約	22,960円	23,160円	23,360円	23,560円
	EX予約（往復割引の片道）	21,550円	21,750円	21,950円	22,150円
東京～鹿児島中央	通常のきっぷ	31,080円	31,480円	31,880円	32,280円
	通常のきっぷ（往復割引の片道）	29,400円	29,800円	30,200円	30,600円
	スマートEX	30,880円	31,280円	31,680円	32,080円
	スマートEX（往復割引の片道）	29,200円	29,600円	30,000円	30,400円
	EX予約	30,100円	30,300円	30,500円	30,700円
	EX予約（往復割引の片道）	28,420円	28,620円	28,820円	29,020円

＊この価格は「のぞみ」「みずほ」普通車指定席を利用し、通常のきっぷでは運賃＋特急料金を合計したもので表示

首都圏の2階建てグリーン車

日常から離れたちょっとリッチな旅

首都圏では、東海道本線、横須賀線、高崎線、東北本線、常磐線などで2階建てグリーン車を連結した普通列車が運転されている。新幹線や特急のグリーン車といえば、より上質なサービスを提供する目的で連結されているが、首都圏の普通列車のグリーン車はちょっと意味合いが変わってくる。混雑の激しい通勤時間帯、快適な乗車を提供する「ホームライナー」のような感覚だ。そのため、グリーン料金は比較的リーズナブルに抑えられ、さらに土休日では割引もある。

平日の通勤時間帯では旅気分などあり得ないが、平日の日中や土休日にグリーン車を利用するとふだんとは違った車窓に驚かされるに違いない。

2階建てグリーン車は、形式でいうとE231系、E233系、E235系、E531系などに組み込まれているが、基本構造はほぼ同じだ。車両の中央部は2階建て、車端部は平屋の客室となっている。乗降デッキのわきにはらせん階段が設けられ、2階席あるいは通常床面より低い階下席へと移動することができる。

2階席は窓が天井に向かって湾曲しているため、その寸法以上に広く見え、開放的な雰囲気だ。階下席は天井がフラットなため、やや圧迫感を受けるが、腰掛に座ると落ち着いた雰囲気。こちらでは各座席に読書灯も設けられている。

Suicaグリーン券の利用が便利

利用の際はグリーン料金が必要だが、これはきっぷとなったグリーン券だけでなく、Suica（モバイルSuicaも使用可能）にも対応している。なお、グリー

2階建てグリーン車からは眺めも快適

ン券は車内購入では割高になるので、事前購入がおすすめだ。

Ｓｕｉｃａで利用する際は、ホームなどに設置されている端末でＳｕｉｃａグリーン券情報を記録させる。車内では各座席の上に表示ランプがあり、赤であれば空席。ここでリーダーにＳｕｉｃａをかざせばランプは緑に切り替わり、自分の席となるのだ。

首都圏普通列車のグリーン料金は、列車ごとではなく乗車駅から下車駅まででカウントされる。途中駅で乗り換える場合、新たな列車でＳｕｉｃａを再度タッチすればいい。同一列車の車内で席を替わるときも同じで、新たな席でタッチすれば切り替わる。

Ｓｕｉｃａグリーン券で注意しておきたいのは、

●1枚のＳｕｉｃａで複数のＳｕｉｃａグリーン券を購入することはできない。

●購入したＳｕｉｃａグリーン券を未使用のまま、新たにＳｕｉｃａグリーン券を購入すると、最初に購入したＳｕｉｃａグリーン券の情報はなくなる。

●Ｓｕｉｃａグリーン券の払い戻しは、発売当日にＳｕｉｃａ利用可能首都圏エリアのＪＲ東日本のみどりの窓口で行う。みどりの窓口営業時間外は改札係員に申告する。

といったあたりだろうか。

また、モバイルＳｕｉｃａの場合、自分のスマホでＳｕｉｃａグリーン券を購入する。これは事前購入価格となるので、とりあえず列車に乗車、空席を確認してからスマホを操作するといった使い方もできる。モバイルＳｕｉｃａで購入したＳｕｉｃａグリーン券の払い戻しは、そのスマホで操作できるが、扱いは購入当日のみだ。

なお、きっぷのグリーン券を利用するときは、好みの空席に座る。ほどなくアテンダントがまわってくるので、きっぷを見せれば表示ランプを青に切り替えてくれる。もし、グリーン券を事前購入していなかったら、ここで発券してくれる（割高だが……）。

グリーン券購入用のホームの端末

乗車したら座席頭上の車内でSuicaグリーン券をタッチ

なお、中央快速の東京～大月間や青梅線立川～青梅間でも２０２５年春から2階建てグリーン車のサービスが始まる。２階建てグリーン車の旅がさらに広がるのだ。

快適
アドバイス
07

列車が遅れてもあわてない

乗り遅れなら後続列車の自由席に!!

旅に出ていると日常とは違う行動ゆえ、いろいろなことが起こる。良いことだけでなく、トラブルに出合うこともある。

自己責任で遭遇するトラブルのひとつに「列車への乗り遅れ」がある。どんなに時間の余裕を持って行動していても、買い物に予想外の時間をとられたり、途中でトイレに行きたくなったりすることもある。

乗車券だけで利用可能な列車の場合、多くは後続列車を利用すれば済む。しかし、運転本数の少ない区間では全体のスケジュールを調整しなくてならないこともある。今ではスマートフォンなどで列車時刻を調べることもできるが、やはり『時刻表』を携帯していたほうが全体を把握しやすく安心だろう。

　この乗り遅れによって乗車券の有効期間が切れてしまうこともある。使用開始前なら、きっぷを変更するか払い戻しすればいいが、使用開始後であれば新たにきっぷを買わねばならない。有効期間の延長という措置もあるが、これはあくまでも列車の遅れなど原因が鉄道側にある場合に限られるのだ。

　また、指定券など乗車券以外のきっぷを使う列車もある。この場合のきっぷはどうなるのだろうか。ＪＲの場合、指定された列車に乗り遅れたとき、あらかじめ用意していた指定席特急券、指定席グリーン券、寝台券、指定席券はすべて無効となり、払い戻しもできない。これは民鉄各社もおおむね同様の判断だ。

　ただし、指定席特急券の場合、指定された列車と同じ日の後続列車の普通車自由席をそのまま利用することができる救済処置もある。もし、後続列車が「はやぶさ」「こまち」「かがやき」「北斗」「あおぞら」「成田エクスプレス」「踊り子」「あずさ」「ひたち」など全車指定席列車となる場合、立席で乗車できる特例もある。

天災や事故によるトラブルもある

天災や事故などで列車が遅れたり、運転できなくなったりすることもある。

地震の場合、一定以上の震度を記録したら列車は運転停止。線路の安全が確認できるまで運行再開はない。また、降水量や風速による規制もある。これは区間あるいは鉄道ごとに規制値を設定しており、当初は徐行で運転を続行、ひどくなれば運転停止となる。さらに積雪による遅れや運休もある。

地震以外の天災は、おおむね天気予報などで見当がつくので、旅の日程やルートを調整する判断も必要になってくる。しかし、旅先で遭遇してしまうこともままある。

ぼくの場合、いちばん経験があるのは強風による遅延や運休だ。運休は青森県の大湊線で2回遭遇、いずれも代行バスが運行された。到着は半日あまり遅れてしまったが、下北半島に閉じ込められることは避けられた。五能線や日高本線でも遭遇している。

また、降雪による遅延や運休も何度か経験しており、国内でもっとも印象に残っているのは1998（平成10）年11月18日に乗車した青森発大阪行きの特急「白鳥」だった。

羽後本荘駅で足止めを受けた特急「白鳥」。数時間でこの状況

雪は夜になって止んだ。JRからの食事差し入れは4食にも!!

青森駅を出発したとき、雪は小ぶりだったが、秋田駅あたりから本降りに。その後、徐行運転で少しずつ進んでいったが、羽後本荘駅でついに運転打ち切りに。同駅ではこの日だけで90センチ以上の積雪があり、今なお観測史上最高となっているそうだ。

１００人ほど残っていた乗客は車内や駅待合室で運転再開を待った。このときは昼食・夕食・夜食・朝食と4食もの差し入れがあった。同日深夜、秋田〜羽後本荘間の除雪が完了、大阪行きだった「白鳥」で秋田駅まで戻り、同駅ホームに留置されてあったお座敷車両で一夜を明かした。

予定していた旅はすべて中断としたが、こんな経験はしようと思ってもできるものではない。貴重な経験であり、これも旅の醍醐味と思う。こんなトラブルに遭遇したら、なるようにしかならないと、焦らず鷹揚に構えて過ごしたい。

多少は知っておきたい車両の話

「歌う電車」ってなんだろう？

鉄道の旅には興味あるけど、鉄道そのものにはさほど興味がない……なんて方もたまにいらっしゃる。個人の趣味ゆえ、それを否定するわけでないが、多少の基礎知識は持っている方がいい。それにより、あなたの鉄道旅がより楽しくなるに違いない。

●「列車」と「電車」、どこが違うの？

「列車」というのは、鉄道を運転させる目的で組成された車両のことで、運行は列車単位で行われる。運搬するものによって「旅客列車」「貨物列車」などと呼ばれ、されに業務用の「工事列車」「排雪列車」「回送列車」「試運転列車」などがある。また、停車パターンから「特急列車」「快速列車」「普通列車」といった区分けもある。

「電車」というのは、乗客または貨物を載せる車両に電気動力を備えたもの。動力がディーゼルエンジンなどの内燃機関になると「気動車」となる。「ディーゼルカー」と呼ぶこともあるが、とにかく電車ではない。日本の鉄道は新幹線から通勤輸送まで大半が「電車」で運行されており、「気動車」は非電化区間を中心に使われている。

乗客または貨物を載せる車両で自ら動力を持たないものは「客車」「貨車」だ。これは電気機関車、ディーゼル機関車、蒸気機関車などの「機関車」によって牽引される。こうした使用車両を示して「電車列車」「気動車列車」「客車列車」と呼ぶこともある。もっとも駅などで行われる乗客向け案内となると、このあたりの用語使い分けはかなりファジーで、現在は「列車」と「電車」はほぼ同義語となっているようだ。

●車両形式の「系」と「形」、どこが違うの？

「N700系」「E235系」などといった名称を見たことはないだろうか。これは鉄道車両の形式を示す呼称で、前者は東海道・山陽新幹線の「のぞみ」など、後者は都心の山手線で活躍する車両のことだ。

鉄道車両はその管理上、すべてに形式名が付けられているが、これは鉄道会社によって独自のルールで命名されている。ＪＲグループではおおむね旧国鉄のルールを踏襲しつつ、それぞれの実情に即したものに変化してきているようだ。数字、アルファベット、カタカナの組み合わせで記されており、注意していれば容易に発見できるはずだ。

車両形式の表記では、冒頭で示した「系」のほか、「形」「型」といった文字が使われることもある。多くの電車、気動車、客車は、先頭車や中間車などをつくり分けた編成で製造されている。先頭車や中間車などのように構造が異なれば、それぞれに形式名が付けられ、山手線の先頭車ならクハＥ２３５形、中間車ならモハＥ２３５形となり、編成全体を示す時にＥ２３５系と呼ばれるのだ。

なお、「形」「型」は、鉄道会社個々の伝統で使い分け、「形式」「型式」とするケースもある。また、考え方としては「系」となるものに対しても「形」などを当てはめてい

る鉄道会社もあり、使い分けには知識と慣れが必要だ。

●「振り子式電車」とは？

曲線区間をスムースに通過できるように車体を傾ける機構を備えた電車。振り子式気動車もある。国鉄時代に実用化され、ＪＲ移行後、多くの車両が開発された。振り子式は曲線区間で発生する遠心力を使って車体を傾斜させていたが、最近は台車の空気バネの圧力を調整して車体を傾斜させる方式が主流となった。「Ｎ７００系」などにも搭載されているが、これは振り子式と呼ばず、車体傾斜システムなどと呼ばれている。

●「ＶＶＶＦインバータ制御」とは？

電動機（モーター）制御方式の一種。ＶＶＶＦとは和製英語 Variable Voltage Variable Frequency、すなわち可変電圧可変周波数の意味。鉄道車両では、理想的な制御ができる、省エネになる、保守の手間が削減できるなどの理由で、20世紀末から主流となった。ＶＶＶＦインバータ制御車両の場合、加減速の際に独特なノイズ音が出るが、そこから「歌う電車」と知られるようになったものもある。

座席配置の基本はロングとクロス

長時間の乗車ならクロスシートがおすすめ

鉄道車両の座席配置は、いろいろなパターンがある。

基本となるのは、レールと平行に長椅子を備えた「ロングシート」。通常は窓を背にして座る形で配置されている。もうひとつはレールと直角、進行方向あるいは逆向きに座る「クロスシート」だ。同じ客室にロングシートとクロスシートを組み合わせて配置するものもあり、これは「セミクロスシート」と呼ばれている。また、クロスシートを向かい合わせに配置したものを「ボックスシート」と呼ぶこともある。

ロングシートは床面積を効率的に活用でき、立席者のスペースを確保しやすいことから通勤向け車両で一般的に使われている。一方、**クロスシートは車窓に目を向けること**

も容易で、長時間の乗車でも疲れにくい。そのため、特急用や長距離用車両はクロスシートが基本となっている。ただし、乗降はロングシートより時間がかかり、定時運行をめざす鉄道ではそれがネックとなることもある。こうしたことから両方の長所を活かしつつ、中庸的なサービスを狙ったのがセミクロスシートだ。

旅として鉄道を利用するとき、やはり車窓を眺めながらゆったりと乗車したい。つまり、クロスシートの選択が肝となる。ではクロスシートを選ぶことはできるだろうか？

ＪＲの場合、新幹線や在来線特急はすべてクロスシートとなっている。私鉄も有料特急ではクロスシートが基本だ。問題は中・長距離の移動に使う普通列車だ。起用されている車種が多彩で、また同じ形式でも号車によって座席配置が異なるものもある。

例えば上野東京ラインあるいは湘南新宿ラインの主力車両となっているＥ２３３系の場合、15両編成ではグリーン車が2両、セミクロスシート車が6両、ロングシート車が7両となっている。連結位置は次ページの図のように決まっているので、①②⑨⑩⑭⑮号車を利用すれば、セミクロスシートとなるわけだ。ただし、ここではＥ２３１系も使用されており、後期車はE２３３系と同じ編成だが、前期車は⑨⑩号車がロングシートになっている。列車が到着するまでどの編成が来るか判らないので、⑨⑩号車を避けておく方が無難だろう。これは上野東京ラインや湘南新宿ラインの例だが、ほかの路線となるとインターネットなどで情報収集して対応する必要がある。もっとも、行き当たりばったりで、状況を受け入れて楽しむのも一興だ。

なお、長距離利用の際、座席以上に問題となるのはトイレの有無だろう。

E２３３系やE２３１系の場合、上野東京ラインや湘南新宿ラインで使われる近郊タイプでは図の位置にトイレが設置されている。⑩⑪号車は隣り合わせにトイレが付いており、不合理にも見えるが、実はここが10両編成（基本編成）と5両編成（付属編成）の連結部で、車内では行き来できないのだ。

一般に通勤用車両はトイレがない。運行頻度が高く、駅のトイレをご利用くださいというところだろうが、通勤用車両が遠方まで足をのばすこともある。利用者からの要望もあるようで、東京～大月間などで運転される中央線用E２３３系ではトイレ設置の改造が進められている。これは２０２５年3月から使用できるようになった。

ローカル線でもトイレなし車両がある。例えば予土線で使用されているキハ32形にはトイレがない。窪川駅から宇和島駅まで乗車すれば約2時間。ここでトイレがないとかなり厳しい。

実際、腹具合の悪い乗客と巡り合ったことがあり、彼は停車するたびに駅のトイレに駆け込んでいた。次の列車まで数時間あいているので、気の毒に思った運転士はほかの乗客に事情を説明して出発を待っていたが、やがて遅れがひどくなり、最後通告を出す。何とも哀れな顛末となり、以来予土線に乗るたびにそのことを思い出すのだ。

上野東京ラインや湘南新宿ラインの編成例

（E233系）

←沼津･伊東･逗子　　黒磯･前橋→

①	②	③	④	⑤	⑥	⑦	⑧	⑨	⑩	⑪	⑫	⑬	⑭	⑮
セミクロス	セミクロス	ロング	グリーン車	グリーン車	ロング	ロング	ロング	セミクロス	セミクロス	ロング	ロング	ロング	セミクロス	セミクロス
WC				WC					WC	WC				

（E231系　後期車）

←沼津･伊東･逗子　　黒磯･前橋→

①	②	③	④	⑤	⑥	⑦	⑧	⑨	⑩	⑪	⑫	⑬	⑭	⑮
セミクロス	セミクロス	ロング	グリーン車	グリーン車	ロング	ロング	ロング	セミクロス	セミクロス	ロング	ロング	ロング	セミクロス	セミクロス
WC				WC					WC	WC				

（E231系　前期車）

←沼津･伊東･逗子　　黒磯･前橋→

①	②	③	④	⑤	⑥	⑦	⑧	⑨	⑩	⑪	⑫	⑬	⑭	⑮
セミクロス	セミクロス	ロング	グリーン車	グリーン車	ロング	ロング	ロング	ロング	ロング	ロング	ロング	ロング	セミクロス	セミクロス
WC				WC	WC					WC				

快適アドバイス 10

列車の車種をチェックする

時刻表から推理する手もあるが……

鉄道の旅を続けていると、いろいろな路線だけでなく、いろいろな車両にも乗りたくなってくる。ＪＲや私鉄では、個性的な車両が活躍しており、その乗り比べも楽しい。どこに、どんな車両が走っているのだろうか？　まずは基本となる情報からチェックしてみよう。ＪＲの場合、各社のＨＰに専用のコーナーを設け、車両の情報を提供している（ＵＲＬは表参照）。おもに新幹線や特急、観光列車の情報が多いが、都市の通勤車両やローカル線の車両を開設している会社もある。こういった車両情報は私鉄でも提供しているところがあるので、気になる鉄道をチェックしてみたい。

新幹線や特急の場合、ＨＰの情報でほぼ把握できるが、同じ列車に複数の形式が起用

JR 各社の公式車両情報

●ＪＲ北海道／列車ガイド https://www.jrhokkaido.co.jp/train/
●ＪＲ東日本／列車カタログ https://www.jreast.co.jp/railway/train/
●ＪＲ東海／車両のご案内 https://railway.jr-central.co.jp/train/
●ＪＲ西日本／車両案内 https://www.jr-odekake.net/train/
●ＪＲ四国／車両情報 https://www.jr-shikoku.co.jp/01_trainbus/syaryou/carinfo.shtm
●ＪＲ九州／ＪＲ九州の列車たち http://www.jrkyushu.co.jp/trains/

されている列車もある。例えば、新大阪〜白浜間などで運転されている「くろしお」の場合、２０２４（令和６）年現在、ＪＲ西日本の２８３系・２８７系・２８９系と３種の車両が使用されている。往復利用するなら、別形式の乗り比べも楽しみたい。車両に対する多少の知識があれば、時刻表からでも推測できるものもある。ここでは「オーシャンアロー車両で運転」といった注記もあり、これは２８３系と判る。

　簡単に答えまで記載している時刻表もある。『ＪＴＢ時刻表』では特急時刻表ページおよび巻末の編成案内ページで車両形式も紹介している。『ＪＲ時刻表』ではデジタル版で紹介している。

快適アドバイス 11

コンパクトな荷物づくりをするために

荷物はデイパックやショルダーに収納

旅の荷物はできるだけコンパクトにまとめたい。とはいえ、必要なものがなくては困ってしまう。日ごろから自分用のチェックリストをつくっておくと便利だ。

荷物はデイパックやショルダーに収納して持ち歩く。キャリーバックも便利だが、行動に制約が出てしまうのが難点。ぼくの場合、海外旅行など荷物が多くなってしまうときぐらいしか使わない。このときも街歩き用にデイパックは必ず持って行く。

衣類のポイントは、夏場の日帰り旅でも必ず下着の着替えを持って行くこと。街歩きで汗をかき、そのまま冷房のよく効いた列車に乗り込むと身体が冷えてしまう。体調を崩すので、車内のトイレで着替えてしまう。この下着は外歩きもできるTシャツを使っている。

また、夏場でも出かける場所によっては簡単な防寒着（ウインドブレーカーや薄手のダウンベストなど）も必要だ。緯度や標高の高いところでは、20度を下回ることもままある。風が吹けば体感温度はさらに下がる。そんなこともあり、Tシャツの上に羽織るシャツは夏でも長袖を使っている。暑ければ腕まくりすればよく、汎用性が高い。

なお、夏場は日よけや虫よけの対策もお忘れなく。列車内で蚊に刺されたこともある。

冬場の防寒着はどうしても嵩張る。ヒートテックなど発熱性のある下着を活用、極力薄着を心がけている。その代わり、手袋、マフラー、ウールの帽子は必携だ。手袋ひとつで寒さはかなりしのげる。マフラーのないときはバンダナを首に巻くだけでかなり温かい。

旅から戻ったら、すぐに荷物をチェックする。この状態で不足分は補い、替えの下着も用意する。デイパックに収め、玄関のそばに収納しておくのだ。急ぎの旅でも慌てないで済むし、天災などの非常事態でもすぐ応用できる。

チェックリストを作っておこう

品目		日帰り	2〜3泊
衣	着替え（上着）	×	○
	着替え（下着）	○	○
	防寒着	○	○
	雨具	○	○
食	水	○	○
	非常食	○	○
情報	時刻表	○	○
	携帯電話	○	○
	ノート&筆記具	○	○
	カメラ	○	○
その他	洗面具	○	○
	タオル	○	○
	薬	○	○

快適アドバイス ⑫

スマホは旅の必携品① 乗換案内

使いやすいアプリを探そう

旅先でのスマートフォンの活用といえば、やはり何といっても「乗換案内」だろう。出発駅（出発地）と目的駅（目的地）を入力するだけで、瞬間的に経路や列車時刻を検索してくれる機能は素晴らしい。特に都市部などで複数の経路が考えられる場合、とても参考になる。また、**到着時間、価格、乗換回数などの比較も行い、それも示してくれるのもうれしい**。実は『時刻表』を携帯していても、急いでいるときなど、まずはここからチェックしてしまう。

インターネットで「乗換案内」を調べるとき、いろいろなサイトがある。スマートフォンでもこうしたサイトにアクセスして調べることができるが、やはり専用アプリを使うのが便利だ。大半の乗換案内アプリは無料で使える。使い勝手はアプリによってかなり違うので、いろいろ試してみて自分に合ったものを探してみよう。

代表的な4つのアプリを紹介しよう。

「駅すぱあと」は乗換案内としては草分け的な存在で、1988年からパソコンソフトとして販売を開始した。現在ではスマートフォンや携帯電話でもサービスを提供、長い実績に裏付けされた定番アプリとなっている。表示などがシンプルな点も特徴だ。

「Yahoo! 乗換案内」はインターネットで1990年代末からサービスを開始しており、これも歴史が長い。実は「駅すぱあと」を開発した会社との提携サービスだ。スマートフォンのアプリではさまざまな機能が付加され、充実した機能を誇っている。

「Googleマップ乗換案内」はGoogleマップに表示した「経路」ボタンから進む。ここでは公共交通（電車・バス）だけでなく、車、自転車、徒歩も検索できる。

「JR東日本アプリ」の乗換案内は極めてシンプルなつくりで、文字も大きく表示され、シニア世代にうれしいシステムだ。JR線だけでなく地下鉄や私鉄の検索もできる。

スマホは旅の必携品②　鉄道アプリ

首都圏では10社間の公式アプリ連携!!

前ページの「乗換案内」で「ＪＲ東日本アプリ」も紹介したが、こうした鉄道会社各社の公式アプリがめじろ押しだ。いずれも時刻表、遅延情報、列車位置情報などを基軸として各社独自の機能を付加している。いずれもアプリは無料なので、旅に出るときはその鉄道会社をチェックしてみることをおすすめしたい。では鉄道会社の公式アプリではどんなことができるのだろうか。「ＪＲ東日本アプリ」で見てみよう。

基本となるのは「経路検索」「運行情報」「列車走行位置」「駅情報」。「経路検索」はＪＲ東日本以外も含めて全国の路線を検索できるので、これだけでも十二分に役立つ。また、「運行情報」「列車走行位置」「駅情報」はＪＲ東日本エリアが中心だが、提携鉄道の情報も紹介される。鉄道ファンにとって特に興味深いのは「列車走行位置」ではないだろうか。列車に乗っているとき、すれ違う列車が楽しみだし、地上から走行写真を撮っているときは、いつ列車が来るのか、その見当にもなる。

さらに「もっと見る」でメニュー画面を開くと、さまざまな情報が表示される。鉄道旅としてよく使うのは「えきねっと」や「JR東日本路線図」だろうか。前者は言うまでもなく指定券購入サービスだが、後者は単なる路線図ではなく、「指定券券売機のある駅」「多機能券売機のある駅」「みどりの窓口のある駅」「コインロッカーのある駅」など、検索して表示できるのだ。このほか、カードタイプのSuicaの残高確認ができる「Suica残額確認」や「遅延証明書」の発行などもできる。

そのほか、「EeeE銚子」「旅する北信濃」「伊豆navi」などJR東日本管内のMaaSにもリンクしており、情報検索はもちろん施設の入場券なども購入できるのだ。

いろいろな情報が提供されている鉄道会社の公式アプリ。使いこなしには迷宮を散策するぐらいの覚悟も必要だが、まずは好みの鉄道からチェックしていきたい。

スマホは旅の必携品③　地図

印象的な車窓位置もチェックできる

かつて鉄道に乗るとき、ぼくは必ず『道路マップ』を携帯していた。Ａ４判、10万分の１程度の縮尺サイズが手ごろで、自分の位置をチェックしながら列車に乗っていたのだ。そして気になる車窓を見付けたりしたら、地図にメモ書きしておく。旅の想い出になるし、地上から列車写真を撮るときのロケハンにもなっていた。

しかし、今ではスマートフォンの地図が欠かせない。ふだんメインに使っているのは「Ｇｏｏｇｌｅマップ」だ。端末内臓のＧＰＳ機能によって自分の位置や向きが判るのがうれしい。駅間のこれといった目標がないようなところでも、すぐに位置が特定できる。街歩きだけでなく、車窓の楽しみも増えるのだ。

地図を見ていると、その先の様子も見当が付く。右手に海が見えてくるはず……なんてことがわかれば、右の車窓にあらかじめ注目しておくこともできる。事前に種明かしされると楽しみが減るといった考えもあるが、ぼくは貧乏性。せっかくなら見落とすことなく、見ておきたいと思うのだ。

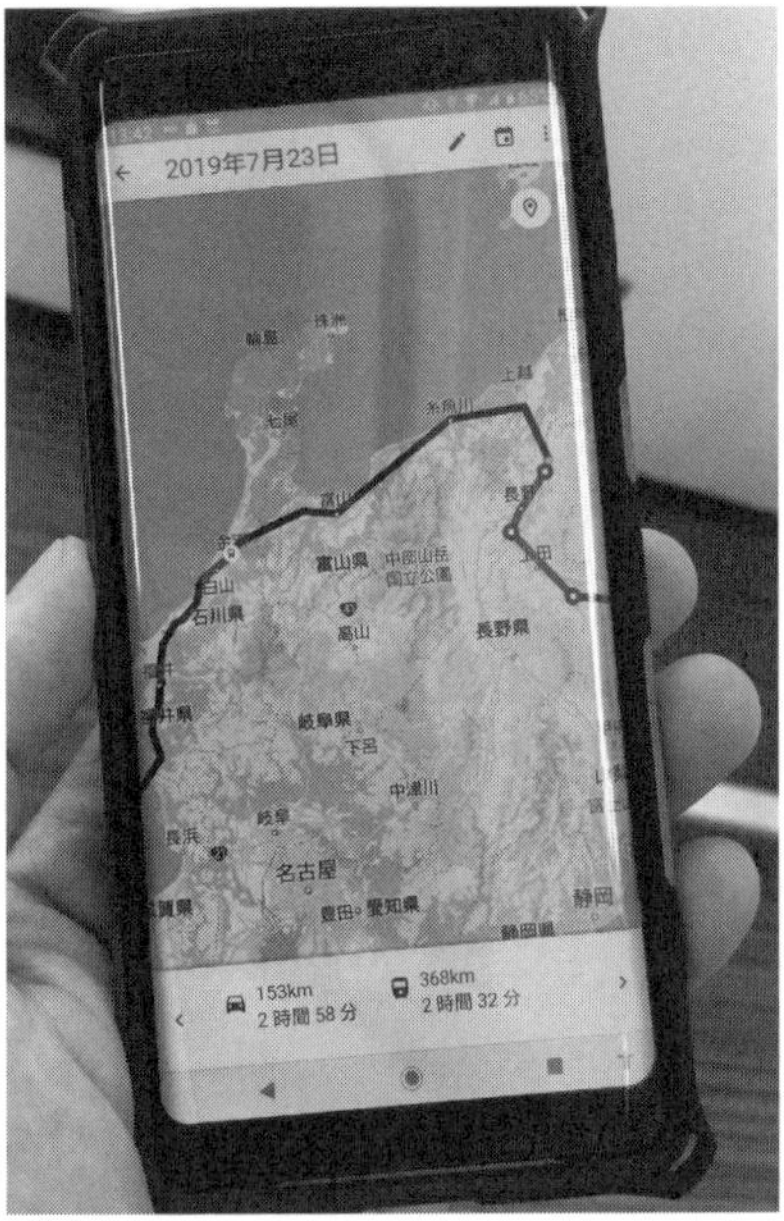

「Google マップ」のタイムラインで示した行程

さらに「Ｇｏｏｇｌｅマップ」では「タイムライン」という機能もある。自分の移動した行程が記録され、過去にさかのぼって確認することもできるというものだ。これも貴重な旅の記録である。これもスマートフォンに搭載した「Ｇｏｏｇｌｅマップ」ならではの楽しみである。

快適
アドバイス
⑮

スマホは旅の必携品④　カメラ

スマホカメラの進化は恐るべし

旅の想い出や記録を残すため、写真は素晴らしい手段と思う。鉄道の場合、写真を撮るための旅なんて楽しみ方もあるぐらいだ。

シニア世代のカメラ体験は、フィルムカメラから始まり、デジタルカメラに移行したなんて方が多い。しかし今、**スマートフォンに搭載されているカメラは、カメラの概念すら変える機能を持つ優秀なものが次々と登場**している。

スマートフォンのカメラが進化したのは、ＳＮＳなどで写真をアップする機会が増えたことにあるようだ。しかし、そうした使い方をしなくてもメリットが大きい。

ひとつはレンズが広角で接写能力も高いということ。例えば列車内で駅弁の写真を撮るとき、デジカメだといささか大仰だが、スマートフォンなら駅弁をテーブルに置き、自分は座席に座ったままでもきれいに撮れる。一方、広角なので停車中の列車をそのまま写してしまうと、パースの付き方が何だか格好悪くなってしまうこともある。こんなときはしゃがんで撮ればいい。これだけのことで車両がぐんと魅力的に写るはずだ。

また、レンズが小さいので、金網越しの撮影にも便利だ。跨線橋の上から列車を撮るときなど、スマートフォンは威力を発揮する。

スマートフォンはファインダーではなく、モニターを見ながら構図を決めるため、ローアングルも簡単だ。「列車を待つカマキリ」なんて遊びも楽しめる

走る列車は撮りにくいと思われている方は、高速連写機能を試してみよう。気に入った構図に収まった写真だけを残し、ほかは削除してしまう。最近はシャッターを押す前から連写する「先読み撮影」「タイムシフト連写」なんて機能もあり、恐ろしい限り。今や、スマートフォンがあれば、カメラいらずの時代になったのだ。

飲料と非常食は必携

日帰り旅でも1食相当分は携帯したい

鉄道の旅は、山歩きなどと違って食事事情は比較的恵まれている。大きな駅に行けば売店があり、駅弁や立ち食い蕎麦屋もある。途中下車できるきっぷなら、駅前にコンビニがあるかも知れない。しかし、食事事情が厳しいケースを想定しておくことも必要だ。

まず、**運転本数の少ないローカル線などは要注意。利用者が少ないため、駅の売店はなく、立ち食い蕎麦屋もない**。こういった駅だと、駅のそばでコンビニを期待するのも危うい。

さらに近年では新幹線や特急の車内販売も減ってきた。始発駅だと出発前に車内販売のないことがアナウンスされることもあるが、途中駅からだと乗車した後で車内販売がないことを知ることも多い。ブルートレインが走っていた時代、途中駅からの乗車で夕食抜きとなったこともしばしばある。

また、時刻通り運行している場合、下車駅での調達も期待できるが、列車が遅れたらどうなるか判らない。ひどいときは鉄道会社から配給のあることもあるが、これはレアケースだ。

というわけで、1食分とは言わなくても多少のエネルギー補給になるものを携帯しておくことをおすすめする。ぼくの場合、ビスケットやチョコレートをジップロック式のビニール袋に入れてデイパックの中に放り込んであるだけだが、これで何度も救われている。このほか、ペットボトルの水なども必携だろう。さらに今では予備のマスク、携帯サイズの消毒用アルコール、体温計なども忘れずに。

ぼくの携帯食

「駅弁」は鉄道旅の楽しみ

旅先で手軽に味わう郷土の味

鉄道旅に欠かせない食の楽しみとして「駅弁」がある。全国各地の駅で販売され、定番の幕の内タイプから郷土の味を盛り込んだものまで数多くある。毎年のように新作が登場、さらに季節や数量を限定して発売するものもある。書籍や雑誌などで特集もしばしば組まれるが、こうしたことから全貌はなかなかつかめない。

好みの駅弁を狙って旅するコアな駅弁ファンも多いが、ぼくは一期一会と割り切っている。**旅先で、ちょうどいい時間に駅弁販売に出合えれば、それが縁。**気になるものを買い求め、駅の待合室や車内でいただくことにしている。

選択するポイントはさまざまだが、やはり見た目で判断することが多い。多くの場合、サンプル写真があるので、それで決める。メニューそのものが重要だが、盛り付け方や彩りなども気になる。また、ラベルや容器の形状あたりで触手を伸ばしてしまうものもある。学生時代はこのラベルを収集していたが、整理能力がないと気付き、今では写真で記録を残す程度だ。

仕事で「駅弁食べ歩き」なんて企画をいただき、実踏・実食したこともあるが、路線によっては苦行になることもある。実は日本海沿いの路線では酢飯をあしらった駅弁が多いのだ。2～3食ならニコニコと味わえるが、毎食で2～3日続くと厳しい。途中でシンプルな幕の内弁当に出合うとホッとしてしまった。

好みの問題もあり、おすすめ駅弁をあげるのは難しいが、想い出に残る駅弁をいくつか紹介しよう。このうち、もっとも数多く食べているのは横浜駅の「シウマイ御弁当」だ。学生時代、静岡に下宿していた。週末東京の自宅に帰り、月曜日はこれを車内で食べる朝食としていた。シウマイと共に黒胡麻をふりかけ俵になったごはんがいい。添えられているタケノコ煮やアンズの味も変わらない。今でも出合うとつい求めてしまう駅弁だ。

一度は食べてみて欲しい おすすめの駅弁

根室本線釧路駅

函館本線森駅

北陸新幹線福井駅

東海道本線横浜駅

山陽本線岡山駅

山陰本線松江駅

高崎線高崎駅

鹿児島本線川内駅

快適
アドバイス
18

身軽に行動する工夫

コインロッカー&宅配便を活用しよう

鉄道の旅には、街歩きの楽しみもある。このとき、荷物は最小限に留め、身軽な姿で行動したい。簡単に利用できるのはコインロッカーだ。バックごと収納してもいいし、土産物など重いものをバックから取り出して預けても街歩きはぐっと楽になる。

多くは待合室や駅の出入り口付近に設置されているが、大きな駅では専用コーナーを設け、複数設置されているところもあるので**構内配置図などでチェックしよう**。今では「コインロッカーなび」などの検索サイトもある。

コインロッカーを利用する際、小銭が必要だったが、大都市を中心にＳｕｉｃａなどの交通系ＩＣカードで支払いができるものも増えてきた。この場合、そこで使用したＩ

Cカードがカギ代わりになり、さらに利便性がアップしている。また、「ｅｃｂｏ　ｃｌｏａｋ」などスマートフォンに専用アプリを入れてカギ代わりにするシステムも始まった。ここではコインロッカーを予約したり、空きを探す機能が付いているものもある。

一方、東京駅や京都駅などでは、対人で荷物を預かってくれるサービスもある。コインロッカーに入らない大型スーツケースにも対応してくれる。

1週間を超えるような旅では、どうしても荷物が増えてしまう。国鉄時代は「チッキ」と呼ばれる鉄道による手荷物託送サービスもあったが、今はこれに替わって宅配便が便利だ。発送はホテルやコンビニなどで。荷造り用の箱を用意しているところもある。ぼくは重量が嵩む旅先で手にした資料本や使用済みの衣類などが溜まると、すぐ自宅あてに送ってしまう。とにかく身軽になることを心がけているが、どうしても復路の荷物は増えてしまう。資料や記念品を持ちかえらねばいいのだが、貧乏性な悩みは尽きないのだ。

快適アドバイス 19

鉄道旅で泊まるならこんな宿

駅近のホテルをおさえたい

東京ステーションホテル

夜行列車が極めて少なくなってしまった現在、数日間にわたる旅となるとホテルや旅館など宿のお世話にならねばならない。

鉄道に主眼を置いた旅では、駅のそばに宿泊できることが望ましい。駅に併設されたホテルも増えており、これは極めて便利だ。例えば、東京駅丸の内駅舎内に設置された「東京ステーションホテル」のように利便性だけなく歴史を感じさせる物語を秘め、そこに宿泊することが目的にもなるような宿もある。駅併設のホテルはシティホテル感覚のものが多いが、ビジネスホテル的に気楽に利用できるものも多い。

部屋から駅や線路が見渡せるホテルもうれしい。最近ではこの眺望が売りになると気付き、「トレインビュー」を謳っているホテルもある。ただし、すべての部屋から鉄道ファン向けの眺望が得られるわけではなく、確実にその部屋に泊まりたいのであればネット予約ではなく直にホテルに電話すべきだろう。今では鉄道ファン向けの専用プランを設けているホテルもあり、この利用もおすすめだ。

宿泊は手段であって目的ではないという場合、リーズナブルなビジネスホテルもよく使われる。ぼくも大半の宿泊がそうなる。この場合、事前予約する余裕があるなら、あらかじめインターネットで状況を探っておく方が安心だ。冬の北海道なのに部屋には石油ストーブしかない（しかも不完全燃焼で臭いがひどかった）、ファッションホテルをビジネスに転用した、建物の老朽化がひどいなんて宿に泊まらざるを得なかったことも多いからだ。宿探しを人任せにしておくとひどい目に遭う。

逆に木造の駅前旅館を好んで泊まっていた時期もある。深夜、貨物列車の走行音が響いたり、通りを千鳥足で歩く酔客の歌声が聞こえたりして、ここに酔狂な旅情を感じた

右／トレインビュープランのある「JR東日本ホテルメッツ 田端」 左／「リーガロイヤルホテル小倉」からのトレインビュー

のだ。高崎駅前にあった豊田屋旅館はそうして出合った思い出深い宿だ。2001（平成13）年には市の区画整理事業で廃業の危機に直面したが、本館だけを曳家で後退させ、当時の面影を残して今日も営業を続けているそうだ。残念ながらこうした木造の駅前旅館は壊滅に近く、これと思う宿に出合うことは皆無といっていい。

リーズナブルな宿といっても、これまでカプセルホテルは敬遠していた。価格はB寝台の約半分。確かにリーズナブルだ。しかし、精神的にチープになってしまうのが嫌だった。旅に困難はつきものと知っていても、基本的には楽しいものでありたいと思うからだ。

そんなスタンスだったが、ほかに手だてがなくカプセルホテルに泊まってしまったこともある。山田線の復旧工事取材で宮古に泊まることになったが、どこも満室。唯一の空室は「ホテル宮古ヒルズステーション店」のカプセルフロアだったのである。

これは2段式のカプセルタイプではなく、小さいながら専用の床や机があるいわゆる「キャビンタイプ」となっていた。感覚的には晩年の寝台特急「はやぶさ」「富士」に連結されていたソロに近い。極めてコンパクトなビジネスホテルである。ただし、法令上の制約で、個々の部屋に扉はなく、アコーディオンカーテンとなっている。

価格は普通のカプセルホテルよりやや高く、B寝台よりは安いと言ったところ。背に腹は代えられなかったこともあるが、食わず嫌いだったと反省した。

なお、地方都市に泊まる場合、夕食事情もチェックしておくことをおすすめしたい。全体的に店の閉まる時間が早く、飲食は縄のれんしかないという町も多い。左利きならこれで十分だが、下戸の人は辛いだろう。コンビニでもあれば救いだが、それすらも出合えない……なんてこともある。危ないと思ったら、食事付きの宿を選ぶのが無難だ。

移転前の豊田屋旅館。高崎駅前にあり、アットホームで利便性もよく、数回お世話になった

快適
アドバイス
20

観光案内所を活用しよう

街歩きの地図から宿の手配まで

初めて降りる駅、あるいは不慣れな駅に着いたとき、ぼくが最初にやるのは街の地図の入手だ。今ではスマートフォンの地図アプリもあるが、**街そのものの情報は現地で手にする地図の方が役立つことが多い。**

駅に観光案内所やインフォメーションがあれば、迷わずそこを訪ねる。観光パンフレットなども備えているが、まずは地図からキープする。ここで街の概要をつかみ、それから観光ポイントや見どころなどの情報を仕込んでいくのだ。宿の相談にものってくれる。また、駅の近所に役場があれば、そこで観光課を訪ねることも多い。

観光案内所も役場もない駅では、待合室や駅前広場にある地図が重要な手掛かりとなる。これをスマートフォンのカメラなどで複写しておけば、地図として活用することができる。このとき注意すべきは自発光式の地図だ。裏から照明されているので、設置場所が暗くてもちゃんと見えるが、カメラで複写すると大概は露光アンダーとなる。露出をオーバー目に設定、その場で画像を確認しておかないとせっかく複写したのに読めないなんてことになりかねない。

滞在時間があるときは、おすすめのポイントをしっかり訪ねるが、街中を気ままに歩くのもひとり旅の楽しみだ。手にした地図がきっちりとした測量地図になっている場合、道路の様子から街歩きによさそうな場所を探す。美しい格子状ではなく、カーブが続くような道がいい。基本は地形の制約によるものだが、街中では古い街並みが残っているケースが多い。ここで蔵造りの建物にでも出会えれば、うれしくなる。紹介された場所を確認するのとは違う、発見の楽しみとなるのだ。

なお、地図はイラストマップになっているものも楽しいが、距離感覚が判りにくく、この場合はスマートフォンの地図アプリと併用するのが安心だ。

快適アドバイス 21

やはり『時刻表』はおもしろい

鉄道旅を支えてくれる優秀なパイロット

『時刻表』とは実に不思議な本だと思う。

興味のない人、使い方の分からない人にとっては、これほど無味乾燥な本はないだろう。何しろ、ページの多くは単なる数字で埋め尽くされているのだから……。

一方、仕事であれ、趣味であれ、『時刻表』の使い方を会得した人にとっては、無限の情報源となる。総ページ数にしても大判なら1000ページを越える。これが月刊で発売されているのだ。毎号、隅から隅まで、くまなく読み込む人は少ないだろうが、拾い読みだけでも新たな発見に満ちている。人によって価値観の差は天と地ほどに広がる。

ぼくの場合、**ちょっとした旅でも『時刻表』を持ち歩く。しかも大判。**嵩張るし重量も結構あるのだが、止められない。まあ、最近は必要ページだけコピーして携帯するなんてこともあるが。

知らない土地を歩くとき、1枚の地図があると心強い。自分の目の届かない範囲についても何らかの情報を与えてくれ、パイロットとなってくれるからだ。

『時刻表』も同じだ。そこから得られる基本的な情報は、場所の移動にともなう時刻の移り変わりだ。自分がこれから進もうとする行程の情報を先取りでき、パイロットとなってくれるのである。

さらに『時刻表』から得られる情報は現在の話だけではない。バックナンバーを手に取れば、いくらでも過去にさかのぼれる。自分の生まれる前の世界を旅するなんてこともできる。これはもうちょっとしたタイムマシンと言ってもいい。こうして気になる時代の『時刻表』が本棚に溜まっていくのだ。

現在の鉄道旅に『時刻表』が必携となるかどうかは人それぞれだが、やはりその扉を開けば確実に旅が面白くなる。アナログの世界には尽きない魅力が詰まっている。

快適アドバイス 22

ビギナーでも安心『時刻表』利用術

『時刻表』の基本構成を知っておこう

現在、時刻表の出版は縮小傾向とはいえ、定番の『JR時刻表』『JTB時刻表』をはじめ複数発売されている。さらに電子版の時刻表もある。

これらに掲載されている列車の時刻はどの時刻表でも同じだ。また同じでなければおかしい。では同じ資料を紹介するのに何でこんなに種類があるのだろうか。それは情報の取捨選択と見せ方、そして付加価値の違いによるものだ。

基本となる『JR時刻表』『JTB時刻表』は共にB5判、厚さは3㎝ほどで重量は約1㎏。鉄道旅に必携とする向きもあるが、決して携帯しやすいサイズではない。実は共に廉価な郵送をすべく第三種郵便物となっているが、そこに大きさや重量制限がある。

その制約のなかでより多くの情報を掲載すべく体裁が決まっているのだ。

共に基本となる列車時刻のほか、きっぷなどの営業案内、鉄道や旅関連のニュース、索引を兼ねた鉄道路線図、そしてお楽しみの企画などがある。どちらも表紙を1枚めくったところに目次があるので、ここで構成を確認しよう。

●列車時刻の基本表記

時刻表は、駅名を縦に並べ、列車ごとに出発時刻を示す表組の形で構成されている。大きな駅では、出発時刻のほかに到着時刻が記されている場合もある。

時刻は3桁ないしは4桁の数字で表記されているが、これは24時間制だ。なお、深夜0時ちょうどを0時00分だけでなく、24時00分と表示することもある。これは到着を24時00分、発車を0時00分と表示しているのだ。統一すればよさそうなものだが、これは旅行開始日や終了日の混乱をなくすための工夫なのである。ちなみに24時00分到着は前日、0時00分発車は翌日扱いとなる。

列車はおおむね左から運転時刻の早い順に並んでいるが、停車駅の少ない特急などの列車も基本的に同じ表組の中で記しているため、掲載が前後してしまう列車もある。時刻表を使う上で、これは大きな注意ポイントだ。

また、数字以外に「レ」や「||」といった記号も使われている。前者は通過、後者は別ルートをたどる意味だ。もっとも、「レ」で記されていても、すべて通過とは限らない。正確に言えば客扱いしない駅ということ。運転士の交代などで停車することもある。このほか、「↳」などの記号を使って別の列に数字が分かれていることもあるが、これは直通・分割・併合を示している。

最後にもうひとつ注意したいのは「◆」。これは運転日に注意しなくてはならない臨時列車の記号。周辺に運転日が必ず記されているので、合わせてチェックしよう。

●掲載ページの見つけ方

どちらの時刻表も目次ページの右端に主な路線を示した「インデックス」が示されている。該当する本文ページには黒い印（つめ）が付いており、これで見分けるしくみだ。

また、巻頭にある「索引地図」には数字が併記されているが、これはその路線の掲載ページを示している。この数字はＪＲ線以外の掲載私鉄やバス路線にも付いている。慣れてくると「インデックス」や「索引地図」に頼らずとも該当するページを開けるようになるが、迷ったらこの方法で探すといい。

時刻表本文は『ＪＲ時刻表』が２色刷りで特急は赤文字で表記されている。一方、『ＪＴＢ時刻表』は１色刷りで特急は文字と罫線の太さで差別化している。このあたりはすぐに慣れるが、厄介なのは掲載路線の順番が違うこと。最初に東海道本線の東京〜熱海間が出てくるのはどちらもいっしょだが、『ＪＲ時刻表』ではその次が湘南新宿ライン、上野東京ラインとなる。一方、『ＪＴＢ時刻表』は、そのまま一気に東海道本線・山陽本線を紹介、小倉に至ったところで一区切り、ここで湘南新宿ラインとなる。

実は『ＪＴＢ時刻表』は国鉄時代の『国鉄監修　交通公社の時刻表』が発展したもので、その伝統が残っているのだ。一方、『ＪＲ時刻表』はＪＲ各社ごとに紹介しようという意図があるようだ。ＪＲの公式時刻表は『ＪＲ時刻表』だが、年配のファンを中心に『ＪＴＢ時刻表』が支持されているのは、こんな歴史があるからだ。

「乗換検索」も自由自在

乗り換え列車のリサーチは前後に幅広く

時刻表のしくみがわかったら乗り換えの検索にも挑戦しよう。チェックすべき情報が多いので、初めはスマートフォンの検索アプリの方が楽に思えるが、慣れてくれば自分の旅をつくりだす楽しみが見えてくる。

●同一路線の乗り換えは左右の列車を確認

「同一路線の乗り換え」とは、例えば特急で最寄り駅まで進み、下車駅まで各駅停車に乗り換える場合だ。逆に各駅停車から特急に乗り換えることもあるだろう。このほか、各駅停車を乗り継いでいく、または途中下車を楽しみながら進んでいくといったケースも考えられる。

最初に乗る列車を選び、その列車の乗車駅から下車駅までたどっていく。下車駅に着いたら、まずは右側の列車を順に見ていき、乗り換え可能な後発列車を探していく。候補が見つかったら念のため、左側の列車もチェックしておこう。前項で紹介したように**列車はおおむね左から運転時刻の早い順に並んでいるが、構成の都合上、掲載が前後してしまうこともたまにある**のだ。乗り換え列車は、右・左の順で見ていこう。

時刻表では主要駅以外、列車の出発時刻で記載されている。そのため、実際には乗り換えられるのに乗り継げないように思えてしまうケースもある。

例えば盛岡駅を20時20分に発車する赤渕行きの851Mは雫石駅が20時54分発となっている。この列車を追うように秋田行きの秋田新幹線「こまち41号」が盛岡駅を20時35分に出発、雫石駅は20時48分発。途中の駅で「こまち41号」が851Mを追い越し、雫石駅で「こまち41号」から851Mに乗り換えることができると判る。

実態はもう少し複雑で、なんと雫石駅で後発となる851Mから先発の「こまち41号」に乗り換えることもできるのだ。実は851Mの雫石駅到着時刻は20時40分。ここで14

分停車し、その間に「こまち41号」が着発しているのである。

『JR時刻表』は、田沢湖線内の雫石・田沢湖・角館駅で発着双方の時刻が記されており、追い越しの状況が判るように表現されている。一方、『JTB時刻表』では田沢湖・角館駅について発着時刻が記されているが、雫石駅は発時刻だけの表記だ。かつては雫石駅出発時刻のわきに「雫石着は2040」という注記を入れていたが、今は省略されている。乗り換え利用者は限定されるため、よりシンプルに見やすい誌面を心がけているようだ。

ともあれ、着時刻の注記を見付けたら、これは必ず左右に目を配るようにしたい。

●乗車駅→下車駅だけでなく下車駅→乗車駅の「逆引き」も活用しよう

前項では乗車駅→下車駅の順に調べる方法を紹介したが、到着時刻が決まっている場合、**目的地の駅から逆にたどってゆく手**もある。時刻表ファンには「逆引き」と呼ばれるテクニックだ。時刻は下から上に数字を追う形になる。これによって出発駅の発車時刻や乗車列車が見つけられる。

●新幹線駅での乗り換えは時間の余裕が必要

同一ホームなら2～3分の余裕があれば問題なく乗り換えられる。都市部の通勤路線では同時到着・発車なんてこともあり、その時間は極めて短い。しかし、新幹線の発着するような大きな駅では乗り換えにそれなりの時間がかかる。特に旅支度の身ではゆとりが必要だ。

新幹線と在来線などの乗り換えに必要な標準時間は『JR時刻表』『JTB時刻表』共に紹介されている。巻頭の新幹線時刻表を開くと、前者は先頭ページ、後者は最後のページに「標準時分」として記載されている。ここで示された時間を参考に乗り換え列車を探すといい。なお、駅改良工事などで掲載されている時間よりかかってしまうこともあるので、常に余裕を見ておく方が無難だ。

新潟など新幹線～在来線の同一ホーム乗り換えができる駅も誕生しているが、基本は余裕が必要

より多くの駅に途中下車

「段落とし」や「行ったり来たり」でいろいろな駅に下車しよう

途中下車の楽しみは人さまざまだが、より多くの駅を体験したいという方もあるだろう。途中下車できるきっぷなら途中下車を繰り返し、どんどんいろいろな駅の風情を楽しんでみたい。実際、日本中の駅すべてに下車したという猛者もいる。

途中下車をする際、まず気を付けねばならないポイントは、その次の移動方法だ。都市部など列車が頻繁に運行されている区間ではさほど待たずに次の列車が来るが、一日数本しか運転されないような路線では要注意。こんな路線では安易に途中下車せず、必ず次の列車を確認してから下車するようにしたい。

ＪＲ最南端の駅として有名な西大山駅での途中下車を一例として説明しよう。これは鹿児島中央駅から枕崎駅まで87・８キロを結ぶ指宿枕崎線の途中にある駅だ。

指宿枕崎線では、鹿児島中央駅から途中の山川駅まで日中でも1時間に1本程度運転されているが、その先の運転本数は少ない。目的の西大山駅は山川駅の先にある。鹿児島中央駅から直通もあるが、指宿駅あるいは山川駅での乗り継ぎも多い。

JR 最南端となる西大山駅（JR 九州／指宿枕崎線）を訪ねてみよう

山川～枕崎間の日中の列車を抜粋（Ｐ１８３掲載）すると、山川駅から枕崎方面に向かう列車は、6時11分発５３２１Ｄ、7時36分発５３２３Ｄのあと、次は11時40分発１３３３Ｄ、13時33分発１３３７Ｄ、17時22分発１３４７Ｄとなる。このうち朝の2本は山川駅・指宿駅始発だが、鹿児島中央駅から来る列車に接続し、１３３３Ｄ・１３３７Ｄ・１３４７Ｄは鹿児島中央駅からの直通列車だ。

例えば５３２３Ｄは鹿児島中央駅6時20分発の列

車で乗り継げる。５３２３Ｄは途中の西頴娃駅までしか行かないが、西大山駅はその途中にあるのだ。西大山駅で途中下車、たっぷり4時間以上滞在して、後続１３３３Ｄを利用すれば終点の枕崎駅には12時56分着。さらに指宿枕崎線の全線乗車もできる。これが表1に網掛で示したプランで、**鉄道旅行愛好家に「段落とし」とも呼ばれる**手法だ。

しかし、ちょっとした工夫で下車する駅を増やせる可能性がある。**反対方向から来る列車も活用し、「行ったり来たり」しながら乗車していくのだ**。

出発は同じく５３２３Ｄだが、西大山駅をやり過ごして入野駅まで行く。ここで反対方向から来る５３２２Ｄに乗り換えるのだ。わずか21分の滞在だが、ホームで記念撮影ぐらいできるだろう。次の５３２２Ｄでは開聞駅で下車、５３２４Ｄを待つ。ここでは35分滞在できる。その後、５３２４Ｄで本命の西大山駅へと向かうのだ。西大山駅の滞在時間は減ってしまうが、午前中の行動を工夫するだけで3駅もの途中下車ができるのだ。これは表2に示したプランだ。なお、この表は上下列車を組み合わせて表記している。

なお、**途中下車を楽しむ時は、きっぷにも注意が必要だ**。一般の乗車券は有効期間が

2日以上あるものでないと途中下車できない。さらに「来たり」として戻ることもできない。この場合は乗車区間ごとに乗車券を用意（運賃を支払う）ことになる。なお、指定区間の乗り降りが自由となるフリーきっぷや青春18きっぷであれば、こんな旅もやり易い。

[表 1] 指宿枕崎線　山川～枕崎間日中抜粋　(24.9.20 訂補)

下り列車	5321D	5323D	1333D	1337D	1347D
山川	6:11	7:36	11:40	13:33	17:22
大山	6:18	7:44	11:48	13:41	17:30
西大山	6:23	7:48	11:54	13:47	17:34
薩摩川尻	6:26	7:51	11:56	13:50	17:37
東開聞	6:29	7:55	12:00	13:53	17:41
開聞	6:32	7:58	12:03	13:56	17:44
入野	6:36	8:02	12:07	14:00	17:47
頴娃	6:42	8:08	12:13	14:06	17:53
西頴娃	6:46	8:11 着	12:16	14:09	17:57
御領	6:51	…	12:21	14:14	18:02
石垣	6:55	…	12:26	14:19	18:07
水成川	6:59	…	12:29	14:22	18:10
頴娃大川	7:02	…	12:33	14:26	18:14
松ケ浦	7:06	…	12:37	14:30	18:18
薩摩塩屋	7:10	…	12:41	14:34	18:21
白沢	7:14	…	12:45	14:38	18:25
薩摩板敷	7:19	…	12:50	14:43	18:30
枕崎	7:25 着	…	12:56 着	14:49 着	18:36 着

上り列車	5320D	1326D	5322D	5324D	5326D
枕崎	…	6:04	7:35	…	13:27
薩摩板敷	…	6:11	7:41	…	13:34
白沢	…	6:15	7:46	…	13:39
薩摩塩屋	…	6:19	7:50	…	13:43
松ケ浦	…	6:23	7:53	…	13:46
頴娃大川	…	6:27	7:57	…	13:50
水成川	…	6:31	8:01	…	13:54
石垣	…	6:34	8:04	…	13:57
御領	…	6:38	8:09	…	14:02
西頴娃	5:31	6:46	8:14	8:48	14:09
頴娃	5:34	6:49	8:17	8:52	14:13
入野	5:40	6:55	8:23	8:58	14:19
開聞	5:44	6:59	8:27	9:02	14:23
東開聞	5:47	7:02	8:30	9:05	14:26
薩摩川尻	5:51	7:06	8:34	9:08	14:29
西大山	5:53	7:09	8:36	9:11	14:34
大山	5:58	7:13	8:41	9:16	14:38
山川	6:05 着	7:20 着	8:48 着	9:23 着	14:45 着

[表 2] 行ったり来たりのモデルコース

	5323D	5322D	5324D	1333D	
山川	7:36	8:48 着	9:23 着	11:40	
大山	7:44	8:41	9:16	11:48	
西大山	7:48	8:36	9:11	11:54	
薩摩川尻	7:51	8:34	9:08	11:56	
東開聞	7:55	8:30	9:05	12:00	
開聞	7:58	8:27	9:02	12:03	
入野	8:02	8:23	8:58	12:07	
頴娃	8:08	8:17	8:52	12:13	
西頴娃	8:11 着	8:14	8:48	12:16	
御領	…	8:09		12:21	
石垣	…	8:04		12:26	
水成川	…	8:01		12:29	
頴娃大川	…	7:57		12:33	
松ケ浦	…	7:53		12:37	
薩摩塩屋	…	7:50		12:41	
白沢	…	7:46		12:45	
薩摩板敷	…	7:41		12:50	
枕崎	…	7:35		12:56 着	

「列車ダイヤ」でより楽しい鉄道旅を!

簡単な列車ダイヤなら時刻表から自作もできる

前項で途中下車をより楽しむテクニックとして「段落とし」や「行ったり来たり」の手法を紹介した。前者は伝統的な手法だが、後者はレイルウエイライターの大先輩、故・種村直樹先生が「ぎったんばっこんの術」として紹介してきた方法だ。種村先生は時刻表を眺めながらスケジュールをつくられていたが、実はなかなか難しい。列車が行き違う駅を推理するなどして、そこから考えていくのだ。

こうしたスケジュールを考える時、実は「列車ダイヤ」の活用が極めて便利だ。「列車ダイヤ」は「ダイヤ」や「ダイヤグラム」とも呼ばれるが、鉄道の運行計画を表わした図表のことだ。「ダイヤ改正」や「ダイヤ乱れ」などの表現も耳にするが、これは「列車ダイヤ」ないしは「運行計画」とすれば理解できるだろう。

「列車ダイヤ」では縦を時間線、横を停車場線とし、列車は斜めの線で示す。これにより列車の運行状況を視覚的に理解できるのが特長だ。時間線の間隔により「1時間目ダイヤ」「10分目ダイヤ」「2分目ダイヤ」「1分目ダイヤ」などの種類があり、用途によって使い分けられている。

本物の「列車ダイヤ」となると一般にはなかなか目にするものではないが、市販されている時刻表に掲載されている情報でおおまかな「列車ダイヤ」をつくることが可能だ。ここで紹介した例はパソコンの表ソフト「エクセル」を使ったものだが、時刻資料から「列車ダイヤ」を作成するパソコン用フリーソフトもいくつか公開されているので、それを試してもいいだろう。もちろん、パソコンではなく方眼紙に手書きで作成してもいい。

指宿枕崎線の「列車ダイヤ」では前項の表2で示した行程を太線で示している。「列車ダイヤ」が理解できると、時刻表では把握が難しい列車の行き違いも視覚的に判断でき、こんなスケジュールも簡単に考案できるのだ。

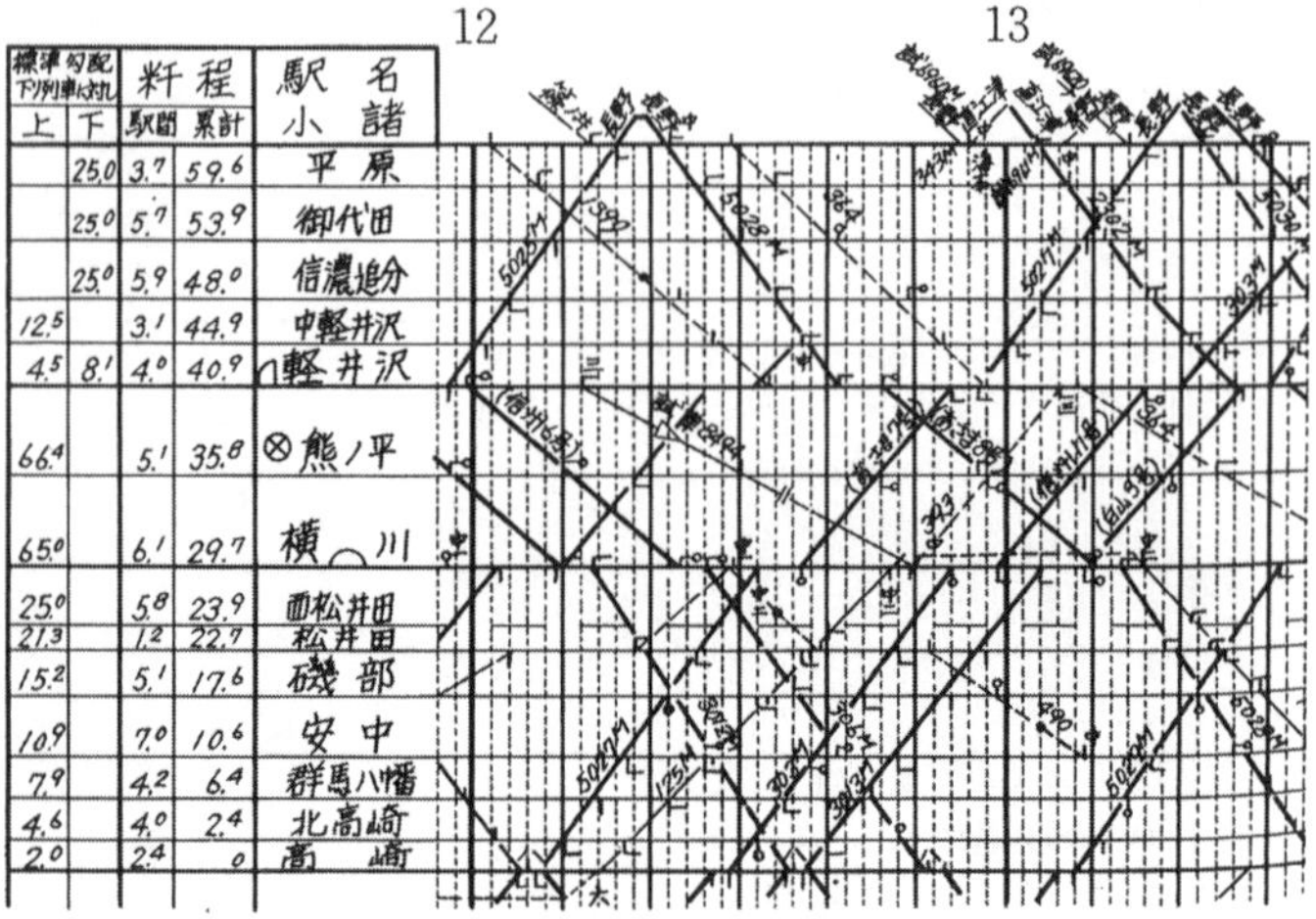

「列車ダイヤ」の例（国鉄時代の信越本線小諸〜高崎間抜粋）。これは2分目ダイヤで、縦罫（時間線）は太線が10分刻み、点線が2分刻みとなっている。駅の間隔（横罫の停車場線）は等間隔ではなく、駅間距離に合わせた間隔となっている。

指宿枕崎線列車ダイヤ （24.9.20 訂補時刻表を元に作成。指宿〜枕崎間のみ抜粋）

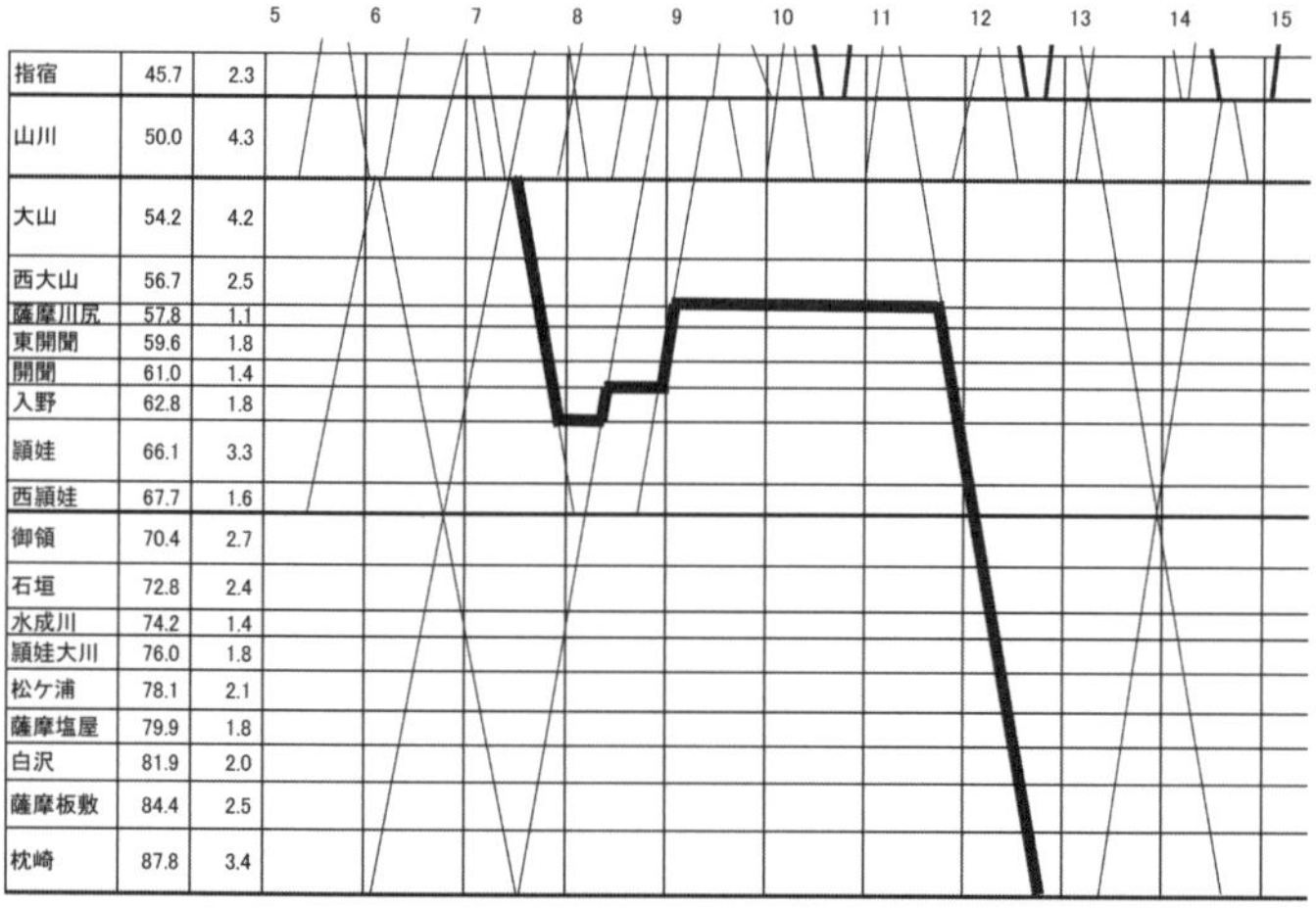

パソコンの「エクセル」ソフトで作成した「列車ダイヤ」の例。まず、駅名を縦に並べて記入、「書式」の「行の高さ」で駅間を調整していく。続いて縦の時間線を入れる。ローカル線の旅行スケジュールを考えるなら1時間目で十分だ。こちらは等間隔とする。枠ができたら時刻表の発着時刻を参照しながら斜めの列車線を入れていく。枠組みだけエクセルで作成、列車線は鉛筆による手書きとする方が早いかも知れない。太線はモデルコースの動き。

第4章

60歳以上なら もっとお得に鉄道の旅が楽しめる

ＪＲ各社のシニア向け旅クラブ

50歳になったらＪＲ各社の旅クラブをチェック

国鉄時代から続く「ジパング倶楽部」をはじめ、「大人の休日倶楽部」などシニア向けの旅クラブがＪＲ各社で設定されている。50歳を過ぎたら入会を検討したい。

●大人の休日倶楽部（ＪＲ東日本・ＪＲ北海道）

【入会資格】ミドル会員50歳以上（65歳以上はジパング会員）**【会費】**入会金無料・入会初年度年会費無料。ミドル２６２４円、ジパングは４３６４円**【メリット】**ＪＲ東日本線・ＪＲ北海道線を２０１キロ以上の利用で運賃・料金が5％引き（ミドル。ジパングは30％引き）。ＪＲ東日本やＪＲ北海道のフリーエリアが乗り放題となる会員限定「大人の休日倶楽部パス」など、会員向け旅行商品、カルチャースクールなど充実。レストランなどの会員特典もある【おすすめポイント】会員証はＳｕｉｃａ付きの「大人の休日倶楽部カード」。会員専用の「大人の休日倶楽部パス」の利用だけでも大きなメリット。

●50＋（フィフティ・プラス）（ＪＲ東海）

【入会資格】50歳以上 **【会費】**入会金・年会費とも無料 **【メリット】**東海道・山陽新幹線沿線を中心に設定された会員専用ツアーを利用できる。同行者の年齢制限はない **【おすすめポイント】**例えば、東京発着京都1泊2万円台という商品もあり、東京〜京都間をエクスプレス予約で往復するより安い。スマホなどからすぐに入会できる。

●おとなび（ＪＲ西日本）

【入会資格】50歳以上でＷＥＳＴＥＲ会員登録すれば自動入会 **【会費】**入会金・年会費とも無料 **【メリット】**山陽新幹線「のぞみ」や特急列車が約20％引き、山陽新幹線「こだま」が約40％引きになる「おとなびＷＥＢ早特」などを購入できる。会員向け旅行商品も利用できる **【おすすめポイント】**例えば、新大阪〜博多間「こだま」は１万５２８０円→９１６０円（通常期）となり６１２０円お得。スマートフォンなどからですぐに入会できる。

●四国エンジョイクラブ（JR四国）

【入会資格】新規入会受付終了　**【会費】**年会費1500円　**【メリット】**JR四国線や土佐くろしお鉄道線を通算して片道71キロ以上往復し、往復とも51キロ以上の特急券を同時に購入する場合、運賃・料金が30％引き　**【注意】**「四国エンジョイクラブ」は2026年3月31日をもってサービス終了（現行会員は2025年3月31日まで更新可能）。現在、「JR四国ジパング倶楽部」に入会すると「四国エンジョイクラブ」のサービスも受けられる。

●ハロー！自由時間クラブ（JR九州）

【入会資格】60歳以上　**【会費】**入会金・年会費とも無料　**【メリット】**3日間乗り放題の「ハロー！自由時間ネットパス」を購入可能。JR九州ジパング倶楽部会員ならJR九州全線201キロ以上利用での運賃・料金が30％引き　**【おすすめポイント】**「ハロー！自由時間ネットパス」（北部九州版9800円～）の利用だけでも価値がある。スマートフォ

入会方法はインターネットなどで紹介されている

●大人の休日倶楽部（JR 東日本・JR 北海道）
https://www.jrhokkaido.co.jp/travel/member/index.html
https://www.jreast.co.jp/otona/

● 50+(フィフティ・プラス)（JR 東海）
https://50plus.jr-central.co.jp/

●おとなび（JR 西日本）
https://www.jr-odekake.net/cjw/otonavi/
WESTER 会員／ https://www.jr-odekake.net/cjw/about/

●四国エンジョイクラブ（JR 四国）
http://www.jr-eki.com/enjoyclub/enjoy-club.html

●ハロー！自由時間クラブ（JR 九州）
https://www.jrkyushu.co.jp/hello/

●ジパング倶楽部
JR 北海道・JR 東日本／ https://www.jreast.co.jp/otona/zipangclub/
JR 東海／ https://railway.jr-central.co.jp/tickets/zipangu-club/index.html
JR 西日本／ https://www.jr-odekake.net/cjw/otonavi/zipangu/
JR 四国／ http://www.jr-eki.com/zipang/
JR 九州／ http://www.jrkyushu.co.jp/train/jpc/

ンなどからですぐに入会できる。

●ジパング倶楽部（JR各社）
【入会資格】65歳以上**【会費】**入会金無料。年会費は3840円**【メリット】**JR全線201キロ以上利用での運賃・料金が最大30%引き。割引は年間20回（JR西日本ではネット購入で回数制限なし）まで、利用不可期間設定などの制約もある。

もっと
お得に
02

どの旅クラブがお得なのか？

年会費無料ならとりあえず加入して損はない

前項でＪＲグループ各社の旅クラブを紹介したが、数があり過ぎて入会の選択に迷ってしまいそうだ。まずは年会費のかからない旅クラブをチェックしてみよう。登録だけなのでとりあえず入っておいても損はないが、管理のことを考えると絞り込みも必要だ。

東海道・山陽新幹線沿線在住、あるいは東海道・山陽新幹線をよく使う方なら、ＪＲ東海の「50＋（フィフティ・プラス）」およびＪＲ西日本の「おとなび」に入っておくといい。ともに旅情報など紹介するメールマガジン（不定期）も届く。これらは50歳以上であれば登録可能だ。「おとなび」の場合、ＪＲ西日本の「ＷＥＳＴＥＲ」に登録しておけば50歳以上で自動入会される。

ＪＲ九州の「ハロー！自由時間クラブ」は「ハロー！自由時間ネットパス」が魅力的だ。すぐ登録できるので九州旅行が決まってから現地加入でも遅くはない。

ＪＲ東日本・ＪＲ北海道の「大人の休日倶楽部」は初年度年会費無料だが、翌年度からは年齢に応じて２６２４円〜の年会費が必要だ。この旅クラブはクレジットカード入会者が対象で、申し込みは郵送またはオンラインで行う。オンラインの場合、個人番号〈マイナンバー〉カード、運転免許証または運転経歴証明書、２０２０年1月以前に公布されたパスポート、国民年金手帳などの本人確認書類が必要。申し込み時に「オンライン口座振替」の選択によって一部書類の郵送が必要になるケースもあるが、基本となる選択では申し込み終了後に完了メールが届き、最短1週間で「大人の休日倶楽部カード」（クレジットカード）が届く。年齢によって「ミドル」「ジパング」と分かれ、割引率などが異なる。なお、「ジパング」になると自動的に「ジパング倶楽部」にも入会となる。

もっと
お得に
03

「大人の休日倶楽部会員パス」の活用法

「北陸フリーきっぷ」などにも注目

ＪＲ東日本全線などが新幹線も含めて乗り放題となる「大人の休日倶楽部パス」。旅クラブ「大人の休日倶楽部」最大の魅力ともいえる会員限定きっぷだ。ただし、通年設定ではなく、特定の期間に発売され、価格や効力の変化もある。

ちなみに２０２４年度の場合、６～７月、９～10月、１月の年3回、各約2週間程度の利用期間が設定されている。フリーエリアは、ＪＲ東日本全線・ＪＲ東日本全線＋ＪＲ北海道全線（新幹線も含む）の2パターンあり、有効期間は連続した5日間となっている。また、以前は普通車限定だったが、現在はグリーン車用も設定されている。

注意したいのは「えきねっと」で購入を申し込んだ場合と、指定席券売機やみどりの窓口みどりの窓口で直接購入した場合は価格が異なること。ちなみにグリーン車用はえきねっと限定だ。なお、枚数限定発売で、所定数に達すると販売終了となる。

使い方は自由自在だが、新幹線を活用して自宅を起点に仙台・長野など毎日別の街を訪ねるという猛者もいる。宿泊費を浮かして旅を楽しむアイデアだが、特に日照時間の短い季節ではこんな行程もありだろう。1月下旬の日没は16時台。夕暮れの青葉城を見ていても「はやぶさ」を利用すれば18時台に東京駅に着いてしまうのだ。

なお、「大人の休日倶楽部」では「大人の休日倶楽部パス」以外にも会員限定きっぷを発売している。ぼくがよく使うのは4日間有効の「北陸フリーきっぷ」だ。価格は東京都区内発着で2万4000円と「大人の休日倶楽部パス」より割高だが、設定期間が長く、使いやすい。さらに2024年は、えきねっと限定で「大人の休日パス　東日本スペシャル」なども設定された。これもJR東日本全線版とJR北海道全線を組み合わせたパターン、さらにグリーン車用もある。価格は「大人の休日倶楽部パス」に準じた設定だが、利用期間が増えたことでうれしいサービスとなった。

「ジパング倶楽部」の活用法

旅クラブと合わせて入会するとさらにお得

「ジパング倶楽部」は国鉄時代の1985（昭和60）年から募集を開始した旅クラブだ。民営化によってJR旅客会社に引き継がれ、各社に事務局が設けられたが、JR北海道の業務は2016（平成28）年4月以降、JR東日本の「大人の休日・ジパング倶楽部事務局」に引き継がれている。

入会資格は満65歳以上であればOK。なお、以前は「夫婦会員」として夫婦で入会することもできたが、2024年4月1日から夫婦会員の新規入会受付は終了、現在は各個人での入会となる。なお、2024年3月31日までに夫婦会員として入会されている場合は、入会時と同条件で継続更新されていく。ちなみに入会金は無料で、年会費は

2024年現在3840円となっている。

基本的な特典としては、

●JR線を201キロ以上利用する場合、年間20回まで運賃・料金が30%（加入初年度は3回までは20%。継続年度は初回から30%）割引となる（「のぞみ」「みずほ」「グランクラス」など対象外の料金もある。また利用できない期間もある）。

●駅レンタカーの割引がある。

●JRホテルグループ宿泊料金の割引がある。

●各社が販売している専用旅行商品が利用できる。

●会員誌「ジパング倶楽部」を月1回（年12回）もらえる。

なお、「ジパング倶楽部」の運営はJR旅客会社が共同して行い、利用者はどこのJR事務局で入会してもいいが、各社によって追加特典もある。

例えば「JR西日本ジパング倶楽部」の場合、合わせて「おとなび会員」（WESTER）に登録（入会費・年会費無料。JR西日本ジパング倶楽部との会員番号結びつけが必要）

すれば、ＪＲ西日本線のきっぷについての30％割引の回数制限はない（ネット購入に限る）。

また「ＪＲ九州ジパング倶楽部」も「ハロー！自由時間クラブ」（入会費・年会費無料）に登録すれば、ＪＲ九州線２０１キロ以上利用で受けられる運賃・料金30％割引の回数制限がなくなる。

ＪＲ東日本・ＪＲ北海道では独自の旅クラブ「大人の休日倶楽部」を設定しているが、「ジパング倶楽部」入会年齢になれば自動的に「大人の休日倶楽部ジパング」へと移行するしくみだ。ここでは「大人の休日倶楽部」と「ジパング倶楽部」の両方の特典を活用できるようになる。ただし、「大人の休日倶楽部」はクレジットカードが設定されているため、その分、年会費が高くなっている。

なお、ＪＲ東日本・ＪＲ北海道では「大人の休日倶楽部ジパング」とは別に「ＪＲ東日本ジパング倶楽部」の会員も募集している。この場合、年会費は通常の「ジパング倶楽部」と同じだが、「大人の休日倶楽部」の特典の一部を受けることができる。

ＪＲ別　ジパング倶楽部サービスの比較

サービス内容	ＪＲ東日本ジパング倶楽部（ＪＲ北海道含む）	ＪＲ東海・ジパング倶楽部	ＪＲ西日本ジパング倶楽部＋おとなび（ＷＥＳＴＥＲ）	ＪＲ四国ジパング倶楽部＋四国エンジョイクラブ*4	ＪＲ九州ジパング倶楽部＋ハロー！自由時間クラブ	大人の休日倶楽部ジパング
日本全国のＪＲ線20％割引	◎*1	◎*1	◎*1	◎*1	◎*1	◎*1
日本全国のＪＲ線30％割引	○*2	○*2	○*2	○*2	○*2	○*2
ＪＲ東日本線・ＪＲ北海道線30％割引	○*2	○*2	○*2	○*2	○*2	◎
ＪＲ西日本線30％割引	○*2	○*2	◎*5	○*2	○*2	○*2
ＪＲ四国線30％割引	○*2	○*2	○*2	◎	○*2	○*2
ＪＲ九州線30％割引	○*2	○*2	○*2	○*2	◎	○*2
ジパング倶楽部会員限定商品	◎	◎	◎	◎	◎	◎
大人の休日倶楽部会員限定きっぷ	×	×	×	×	×	◎
ハロー！自由時間クラブ会員限定きっぷ	×	×	×	×	◎	×
Ｓｕｉｃａカード	×	×	×	×	×	◎
大人の休日倶楽部「趣味の会」講座	○*3	×	×	×	×	◎
旅行傷害保険	×	×	×	×	×	◎
会員誌「ジパング倶楽部」	◎	◎	◎	◎	◎	◎
会員誌「大人の休日倶楽部」	×	×	×	×	×	◎
年会費	3840円	3840円	3840円	3840円	3840円	4364円

◎＝利用できる　○＝利用できるが限定もある　×＝利用できない

*1「ジパング倶楽部」は初年度初回～3回は20％割引　*2「ジパング倶楽部」は初年度4回以降～毎年度20回は30％割引

*3講座に参加できるが、参加費用の割引はない　*4「四国エンジョイクラブ」は2026年3月31日をもってサービス終了　*5ネット購入に限る

JR以外にあるシニア向けサービス

旅には年齢確認できる公的証明証も必携?!

シニア向けのお得サービスはJRだけでなく、私鉄や公営鉄道で行っているところがある。多くの場合、沿線居住者向けに設定されており、さらに定期券スタイルのパス方式が大半だ。もともと高齢者の社会参加を支援する事業の一環だったが、近年は運転免許証の返納者対策といった面もあり、この数年で実施する自治体が急増している。

こうしたサービスの中には鉄道旅として活用できるものもある。今のところ例が少ないが、今後増えていく可能性もあるので、事前リサーチも欠かせない。なお、購入や利用時には、マイナンバーカードのような公的証明証が必要になる。

●阿武隈急行／シニア割ワンコインきっぷ

福島駅と宮城県の槻木駅を結ぶ阿武隈急行では、毎年2月〜3月末日の期間限定で、65歳以上を対象として阿武隈急行全線が乗り放題となる「シニア割ワンコインきっぷ」を500円で発売している。福島〜槻木間の片道運賃は980円なのでかなりお得な設定だ。発売は福島や丸森などの有人駅および車内にて。

●北陸鉄道／平日限定シルバー1日フリーエコきっぷ

石川県内を走る北陸鉄道では、浅野川線（北鉄金沢〜内灘間）、石川線（野町〜鶴来間）のそれぞれで「土日祝限定1日フリーエコきっぷ」を設定している。価格は500円および600円、発売は北鉄金沢・割出・内灘・野町・新西金沢・鶴来駅にて。それ以外の駅から乗車した場合、これらの駅での下車時に購入可能だ。このきっぷは年齢制限がないものの、その名称通り土休日限定だ。70歳以上なら平日に乗車可能な「平日限定シルバー1日フリーエコきっぷ」も利用できる。価格や発売駅などは「土日祝限定1日フリーエコきっぷ」と同じだ。

●一畑電車／シルバーきっぷ

島根県の宍道湖北岸を通り、松江・出雲市・出雲大社などを結んでいる一畑電車では、65歳以上限定で全線一日乗り放題となる「シルバーきっぷ」を発売している。価格は1400円。通常の同社一日乗車券が1500円なので、100円お得となる。

購入には公的証明書の提示が必要だが、2回目以降は前回使った「シルバーパス」の提示でも証明書の代用になる。松江しんじ湖温泉駅、電鉄出雲市駅、出雲大社前駅などの窓口ほか、車内でも購入できる。なお、12月31日～1月3日は利用できない。

●肥薩おれんじ鉄道／おれんじ1日フリー切符

鹿児島本線の八代～川内間を転換して運行している肥薩おれんじ鉄道では、2022年4月から発売されている「おれんじ1日フリー切符」にシニア向けの特典がついている。このきっぷは肥薩おれんじ鉄道全線に一日乗り放題というもので、利用日の制限はない。価格はおとな3000円、こども1500円、そして65歳以上（年齢証明の公的証明書が必要）も1500円という設定だ。八代～川内間の片道運賃は2810円なので、片道全線走破するだけでも充分元が取れる。何駅か途中下車するとさらにお得になる。

発売は八代駅、水俣駅、出水駅、川内駅など。

最近では運転免許証自主返納者を対象としたきっぷも各鉄道で設定されている。多くは沿線居住者が対象だが、居住地の制約がないきっぷもある。

●会津鉄道／運転免許卒業割引きっぷ

65歳以上の運転免許証自主返納者を対象として会津線全線の運賃を3割引とするサービスだ。きっぷの購入時には「運転経歴証明書」の提示が必要だ。発売は芦ノ牧温泉駅、湯野上温泉駅、会津田島駅、会津高原尾瀬口駅などの有人駅。ワンマン運転の場合は会津鉄道の有人駅で清算する。

●わたらせ渓谷鐵道／SL割引（運転免許証自主返納者割引）

こちらも運転免許証自主返納者を対象としたもので、特に年齢制限はない。きっぷの購入時に「運転経歴証明書」を提示すれば、全線普通運賃が5割引となる。なお、「一日フリーきっぷ」などの企画券やトロッコ整理券などは対象外だ。

column

ポストコロナ禍の鉄道旅行

コロナ禍の最中に激変した鉄道旅行事情

2020年から全世界に蔓延した「COVID—19」こと「新型コロナウイルス感染症」。日本でも猛威を振るい、数次にわたる「緊急事態宣言」や「まん延防止等重点措置」が発令された。これを受けて鉄道利用なども制約を受け、日本中で自粛生活へと進み、もはや鉄道旅行を楽しむどころではなかった。

やや状況が落ち着いた2020年9月、JR九州のD&S列車「36ぷらす3」報道公開に参加した。往復は空路としたが、クライアントの意向もあって成田空港発着に。ちなみにこの時点では159か国・地域に渡航中止勧告が出ており、国際線はほぼ機能していない状況だった。そんな中、あえて成田への鉄道アクセスの現状も見ておこうと、往路は「スカイライナー」、復路は「成田エクスプレス」を利用した。この時、「スカイライナー」は1本おきに運休となっていたが、京成上野駅で乗り込んだ乗客は自分も含めて1列車に5名のみ、空港第2ビル駅で下車したのも10名に満たなかった。復路の「成田エクスプレス」も似たような状態だった。ちなみにこの時は東京駅を発着するラッシュ時の「のぞみ」や「はやぶさ」でも空席が目立つ状況だったのである。

その後、徐々にワクチンなどの対策も進み、罹患者数や重篤度が減少、日本では2023年1月からコロナをインフルエンザと同等の感染症に引き下げ、社会の活性を促した。個人的には今なおラッシュ時の車内では不織布マスクを着用するなど自主的な対策を継続しているが、社会全体としてはにぎわいを取り戻している。

ようやく鉄道旅行も大手を振って楽しめるようになったが、コロナ禍の渦中に鉄道の様相が大きく変わってきた。

鉄道利用者が激減、さらに対面的な接触を極力削減するということで、新幹線や特急できっぷのチケットレス化が急速に進んだ。これにより全国主要駅にあった「みどりの窓口」の閉鎖も進んだのだ。JR東日本の場合、コロナ禍中の2021年5月、管内440駅にある窓口を2025年までに140駅程度に絞る計画を発表。その代替えとして指定席券売機などの設置を進めたものの、残った窓口では混雑がひどくなった。コロナ禍の空白期に進められた改革に利用者が付いていけなかったのである。ＪＲ東日本のみどりの窓口は２０２４年現在ほぼ半減してしまったが、計画の見直しも行われている。

また、国鉄時代から親しまれてきた「フルムーン夫婦グリーンパス」も２０２０年9月以降の発売がなされず、実質的に廃止されてしまった。２人の年齢合計が88歳となる日を楽しみしていた鉄道旅行愛好者にはショックな出来事となったのだ。

さらに「青春18きっぷ」も２０２４年度の冬季発売分から制度が大きく変わった。今季から3日間用と5日間用と2パターンがつくられ一見使いやすい設定になったが、利用は連続に限られ、さらに同一行程を複数人で利用するという楽しみもなくなってしまった。

すべてがコロナ禍のせいとは思いたくないが、鉄道の利用方法が大きく変化しているのだ。その波をうまく乗り越えて、ポストコロナ禍の鉄道旅行を楽しんでいきたい。

あとがき

「鉄道の旅も何だかおもしろそうだなあ！」

同世代の方々にそんな思いを少しでも抱いていただけたらと「旅鉄ＨＯＷ ＴＯ」にて『60歳からのひとりたび鉄道旅行術』を上梓させていただいたのは２０１９年のこと。直後コロナ禍に突入、鉄道旅は絶望的な状況になりましたが、幸いにもその間にも版を重ねることができ、皆さんの鉄道旅に対する切望に触れる思いでした。

　本書はこの5年間に生じた鉄道旅の変化を組み入れ、前著を再構成したものです。少しでも皆さんの鉄道旅の支えとなれば喜びに堪えません。

２０２４年11月15日　都内電車の見える喫茶店にて

松本 典久

Profile

松本 典久（まつもと のりひさ）

1955年東京生まれ。東海大学海洋学部卒業。幼少期から鉄道の魅力にどっぷりはまり、出版社勤務を経て鉄道をテーマとした著作活動を続ける。近著は『夜行列車盛衰記』（平凡社新書）、『ブルートレインはなぜ愛されたのか?』（交通新聞新書）、『鉄道と時刻表の150年 紙の上のタイムトラベル』（東京書籍）、『軽便鉄道入門』（天夢人）など。

デザイン　田中麻里（フェルマータ）
編集　近江秀佳
校正　木村義男
写真　松本典久・PIXTA・Photo Library
地図　GEO

本書は、株式会社天夢人が 2022 年 8 月 9 日に刊行した旅鉄 HOW TO002『60 歳からのひとり旅 鉄道旅行術 増補改訂版』を再編集したものです。

60歳からの鉄道ひとり旅

2024 年 12 月 15 日　初版第 1 刷発行

著者　松本典久
発行人　山手章弘
発行所　イカロス出版株式会社
〒 101-0051 東京都千代田区神田神保町 1-105
contact@ikaros.jp(内容に関するお問合せ)
sales@ikaros.co.jp (乱丁・落丁、書店・取次様からのお問合せ)
印刷・製本　株式会社シナノパブリッシングプレス

Printed in Japan　ISBN978-4-8022-1544- 2